我要去埃及

杨旻　著

漓江出版社
·桂林·

图书在版编目（CIP）数据

我要去埃及 / 杨旻著. -- 桂林 : 漓江出版社, 2026. 1. -- ISBN 978-7-5801-0350-5

Ⅰ. K941.19

中国国家版本馆 CIP 数据核字第 20256WD930 号

我要去埃及

WO YAO QU AIJI

作　　者　杨　旻

出 版 人　梁　志
出版统筹　文龙玉
责任编辑　宗珊珊
特约编辑　李燕红
装帧设计　景行仰止
责任监印　黄菲菲

出版发行　漓江出版社有限公司
社　　址　广西桂林市南环路 22 号
邮　　编　541002
发行电话　010-85891290　0773-2582200
邮购热线　0773-2582200
网　　址　www.lijiangbooks.com
微信公众号　lijiangpress

印　　制　武汉鑫佳捷印务有限公司
开　　本　880 mm×1230 mm　1/32
印　　张　7.875
字　　数　176 千字
版　　次　2026 年 1 月第 1 版
印　　次　2026 年 1 月第 1 次印刷
书　　号　ISBN 978-7-5801-0350-5
定　　价　88.00 元

序

2023年10月底，我踏上了去往埃及的旅途，并在我的公众号中更新旅行日记《埃及游旻》，分享我每天的行程和一些当时的感想、体验。我本想在旅行结束后趁热打铁，开始更新详细的旅行笔记，但想到我有关埃及知识的浅薄及大量的整理工作，怵了。

在隔了3个月后，我鼓足勇气，开始动笔写我的埃及之行，当然，在这之前我翻阅了大量的资料、文献，看了很多纪录片，更是好几个周末都泡在图书馆里静下心来阅读、做笔记。对于这个拥有着古老文明、数不清的文物、众多历史人物，且很多东西还是未解之谜的目的地，我是慎重的、敬畏的，以至我现在提笔也没有足够的信心能够把它写明白。

最早我想把这一系列文章取名《出埃及记》，但又想到这和《圣经》的篇章重名，不妥，于是决定用《埃及初记》，记录我初次的埃及行，记录我对埃及的初步了解。在与出版社谈出版事宜时，我又将其改成了现在的《我要去埃及》。

开始动笔时我很兴奋，也很期待，每天都跃跃欲试，因为这样我又可以阅读很多的资料，获取更多的新知，然后把这些结合我的观感写出来。现在，我终于可以将那些第一次读起来感觉跨度很长的时间线、关系复杂的人物，一点点捋清楚、顺明白，它们不再是纸上描述的“天方夜谭”，而是一个个展现在我面前的清晰的画面。那种愉悦是精神上的满足，足以让我兴奋到反复阅读自己的文字到失眠，当然，这无须向旁人解释。

《我要去埃及》是按照我的旅行顺序来写的，内容包括抵达埃及初印象、埃及文明博物馆、科普特博物馆、金字塔、大埃及博物馆和埃及博物馆、卢克索初印象、帝王谷、哈布城、卡纳克神庙、沙姆沙伊赫、开罗见闻等。

每次的旅行，我都希望一个目的地能带给我三种成就感：一种是我去过了，一种是我写完了，还有一种就是我的旅行文字不论是以什么形式被更多人看到了。比如，写英国最北的设得兰群岛、写古巴、写马耳他、写巴尔干半岛，它们都成为我的得意之作。埃及行的系列文章，我要再次获得这三种成就感！

杨旻

2025 年 3 月

目录

目录

抵达埃及，这里跟我想的不一样啊

入境埃及

当机长广播说飞机开始下降，我打开舷窗遮光板，入眼的是一片土黄色，大地的沟壑与道路清晰可见，鲜少有绿色，我感觉如同坐着飞船去外星观光一样。再看一眼屏幕上的地图，确实在开罗上空了。“这个国家竟然是这样的？” 我难以置信地喃喃自语，这也加重了我的好奇心和探索欲，在如此荒芜的土地之上，是如何诞生那古老的文明的？

下飞机后，在机场一个小窗口花 25 美元就可以办一张签证，好似买景区门票一样，海关再将其贴到护照上盖章，全程没有任何提问和对话，也没有检查回程机票和酒店预订，就这么顺利地入境阿拉伯埃及共和国。我的埃及之行，正式开启，这是我旅途上的第 52 国。

途经开罗

我的第一站住宿安排在了金字塔旁，爱彼迎（Airbnb）上的房东帮我约了司机接机，将近 1 小时的车程里我才对金字塔的位置有了实际的方位感，原来它们不在开罗市区，而是在吉萨（Giza）。在去吉萨的路上，我搭乘的车先是经过了开罗一处政府所在地，墙外挂着埃及领导人同我国领导人握手的照片，司机

从舷窗俯瞰埃及

شهادات الإدخار
الثلاثية
بالدولار الأمريكي
9%
7%
برجاء مراجعة النقدية قبل
مغادرة الشباك
PLEASE CHECK YOUR
MONEY
Get your
on-arrival
VISA
here
for only
25$

签证办理

取得签证

完全转过头来咧嘴笑着指着图片跟我说：“Oh! My friend.（噢，我的朋友！）”我看着前方加塞儿并入的车，赶紧说：“你好好看路！”他哈哈大笑。

坐在车里沿途感受着开罗的交通，我大为震惊。在前往埃及前，我一直纠结是否租车，因为看了太多不要自驾的建议，我还想在这个国度驾驶能有多难啊，我连北马其顿到科索沃的山崖土路都开过了。我足够相信自己的车技。结果到了开罗，我千万次庆幸自己没租车。这边开车是真野，并道不打转向灯，见缝就钻，甚至城市里都很难见到红绿灯。司机突然逆行毫无准备，没人按照马路上原本的标线行驶，摩托车、三蹦子、行人混在一起，防不胜防。坐在副驾驶位置的乘坐体验更加刺激，好像戴着 3D 眼镜玩《QQ 飞车》一般，甚至搭载我的司机开着开着就默默地系上了自己的安全带，这让我不得不更努力地攥紧车门上方的把手。

在路上，车与车的距离是我伸胳膊就能摸到旁边车方向盘的程度。各种鸣笛、黑色尾气和暴土扬场般围绕着我，我已经很久没有闻到过这么呛的空气了；到达住处后擦脸，我感觉脸上有一层厚土“粉底”。开罗的路上大部分车很破，好多车的车牌叠加在欧洲车牌之上，我猜测是那边淘汰的旧车成了开罗的主要车源。我很喜欢的大众 T1 面包车随处可见，要多复古有多复古，更有好多车压根儿连玻璃都没了还在路上满载飙行，公交车更是连门都不关，乘客就迎着风站在疾速前进的公交车的门口。如果说哈瓦那是精致老爷车的集合地，那么开罗就是破铜烂铁给油上路，报废车也有第二春。

自在的司机

随处可见的破损车

总之，开罗是我至今去过的400多座城市里交通最疯狂的地方，没有之一。无序，是最精准的形容。每天在车上我都会自动配音："哇哦，唔，我的妈呀，天哪，刺激……"或者是给司机竖大拇指。作为擅长自驾的旅行博主，这一次我在埃及彻底死心，放弃自驾。

第一站吉萨

吉萨位于尼罗河的西岸，开罗西南约6千米，为埃及第三大城市，现为开罗都会区的一部分，是吉萨省的首府。在途经一片片荒漠沙土后，毫无过渡地，金字塔就映入了眼帘，没有任何的城市建筑群"转折"。让我有同样感受的地方是英国巨石阵，本以为在巴斯，结果是离开市区很久，在一片平原之上突然出现的"景点"，如此富有历史意义的遗迹，却又那么渺小。

我住的地方就在金字塔旁，卖点就是透过窗户能看到金字塔，这样的网红民宿在吉萨随处可见，与国内各大景点无异。房东人挺好，帮我以良心价格安排了金字塔导游，还有我朋友的接机。

到达住处都收拾好，已接近傍晚。我打算一个人去觅食，顺便买点儿饮用水啥的。一出门我就后悔了，车流和人混在一起，行人在车缝间穿行。每条路都堵得死死的，甚至都没有行人的空间。路旁都是破房子和大坑，走在其中左边得防着不被车碰到，右边得防着不掉沟里。我穿了一条短裤出门，路上被途经的司机按喇叭、吹口哨，让我每一刻都提心吊胆。去路边小卖铺买个水，还遭遇"刺客"，两大瓶矿泉水和一瓶可乐要了我 8 美元……但其实超市里卖也就 100 多埃及镑，就这样明目张胆地卖高价，我算是体会到了。

晚饭在一个正规的餐厅里解决了，还在旁边的万豪酒店应急取了埃及镑现钞，搜了一下攻略才知道这边的汇率很不稳定，如果不走银行渠道，很多攻略上推荐了性价比更高的换钱方式，比如去专门换汇的门店。不过在 2024 年，埃及央行在临时会议上宣布放开汇率管制，允许由市场力量决定外汇汇率，旅客们换钱的渠道更加多样了。

总的来说，也许没有规则便是埃及的规则吧。可以说，到埃及的第一天，我已经想念“文明世界”了。

网红民宿的自制早餐

埃及文明博物馆，与20具木乃伊面对面

埃及文明博物馆

我埃及之行的第一个景点，原本是计划去最著名的埃及博物馆（Egyptian Museum），结果因为没提前做功课，在叫车的时候输入 Egyptian Museum 时自动蹦出来 National Museum of Egyptian Civilization，我也没多想便选择前往，到达后才知道这里是另一座国家博物馆——埃及文明博物馆，简称 NMEC。既来之则安之，门票 500 埃及镑。

由于考古发现的文物日益增多，已有的埃及博物馆已经无法充分展示文物，因此官方决定修建新馆，包括大埃及博物馆（Grand Egyptian Museum）与埃及文明博物馆（National Museum of Egyptian Livilization）。大埃及博物馆开放时间一改再改，埃及文明博物馆于 2021 年 4 月正式开放。

地上地下各一层的埃及文明博物馆面积远没有大埃及博物馆大，藏品和展品更没有埃及博物馆丰富，可它特别设置了皇家木乃伊展厅（Royal Mummies Hall），陈列着从第 17 王朝到第 20 王朝的 17 位国王、3 位王后的共 20 具木乃伊。最著名的木乃伊是哈特舍普苏、图特摩斯三世和塞格嫩拉·陶。这些木乃伊原本保存于埃及博物馆，2021 年 4 月举行了名为“法老黄金游行”（Pharaohs’ Golden Parade）的活动，将木乃伊和棺材

存放在氮气棺内，由装饰成古埃及葬礼船的卡车运送到埃及文明博物馆保存，现只展出其中一部分。

新王国时期（New Kingdom of Egypt，第 18 王朝到第 20 王朝，约公元前 1553—公元前 1085）的皇家木乃伊的发现是考古学史上最伟大、最出人意料的发现之一。对于这一时期，现在人们研究最多的并不是当时的建筑和艺术杰作，而是当时执掌王权的国王、王后的“圣体”。

新王国时期，埃及不断对外用兵，使得埃及的版图扩大了 1 倍，因此这一时期又称为埃及帝国时期。国王和王后作为“盛世”的建设者，坚信人死后可以永世荣耀，于是他们在生前把大量的财富用于修建山谷中的墓室、精进木乃伊制作术，希望将自己的遗体保护完好，并放置奢华陪葬品来准备死后一切所需物品。也正因此，来自新王国时期的不论是神庙、帝王谷（Valley of the Kings）还是木乃伊都非常精彩，大有看点。

现在的金字塔和帝王谷中已经鲜有木乃伊了，如果想看古埃及历史中那些人物，想了解古埃及的信仰和丧葬习俗，以及木乃伊的制作，最好的去处是埃及文明博物馆。当然，我也是在写旅行笔记的时候，才深入地整理和了解了木乃伊各个人物的关系、对应的陵墓，并串联起了古埃及第 17 王朝到第 20 王朝的历史。

埃及文明博物馆

近距离观摩木乃伊

到达博物馆后，我直奔地下一层的皇家木乃伊展厅。展厅在中庭正下方，镂空的天顶以环绕 LED 屏展示着各种埃及历史画面及木乃伊高清图片。只身一人的我，在户外晒出的汗已经落下，便谨慎地走进展厅。以黑色为背景色调，气氛庄严肃穆，内部被划分为不同的小展厅，每个小展厅分别放置 1 到 2 具木乃伊，且配备 1 名工作人员坐在角落提醒参观者禁止拍照，他们穿着深色的西服，和背景颜色融为一体，就更加重了肃穆的气氛。

木乃伊们的“出场”顺序是按朝代年限，每具木乃伊配有英文和阿拉伯文说明，部分木乃伊还配有 X 光片，部分木乃伊的棺椁也一同展出。展馆中展出的这些木乃伊主要发现于达尔巴赫里神庙（Deir El-Bahri）的哈特舍普苏祭葬殿上方的皇家墓城和阿蒙霍特普二世的陵墓，即帝王谷 35 号墓 KV35，并由加斯顿 · 马斯佩罗（Gaston Maspero）开棺解缠，由英国解剖学家格拉夫顿 · E. 史密斯（Grafton Elliot Smith）进行检验，并将“法老”们的诸多个人信息，比如体形、隐藏疾病、死亡原因等鲜为人知的秘密展现于世。

这不是我第一次见到真正的木乃伊，我 15 岁时去伦敦游学，在大英博物馆埃及展厅中曾看得“痴迷”。那时，我讶异于英国人是如何将这一具具“脆弱”的木乃伊漂洋过海地运过来，也思索着如此近距离地观摩，我不会被法老诅咒吧。如今，站在这 20 具木乃伊前，我没有一丝恐惧。我试图通过一具具木乃伊的神态、仪态、根根分明的发丝、尚在的牙齿和指甲，以及那些考古发现的文字描述去读懂法老们生前的辉煌与遭遇。因为没有提前规划前来看这个展馆，也没有提前做任何功课，所以我对陈列的木乃伊一知半解，只能拿出包里的笔，向工作人员要来了一张纸，仔细记录下我感兴趣的部分，方便回去“补课”。工作人员看我如此认真，哪怕是我紧贴着玻璃罩花上好几分钟观察每个木乃伊的细节，他们也没有干涉，可能在心里默默想，这个人“有病”吧。但我大呼过瘾！

埃及文明博物馆皇家木乃伊展厅

其他展品

相较于更关注古埃及历史和文物的埃及博物馆，埃及文明博物馆的展品跨越了更长的时代，从史前开始，经过法老和希腊罗马时代、科普特和伊斯兰时代，一直到现代埃及，更能补全大众对埃及发展的宏观了解。

馆内特别开设了纺织展览，展出了数百件展品，展示了埃及面料和纺织行业历代的发展。纺织是古埃及重要的产业之一，早在公元前3000年，埃及人就开始使用自然的棉花和纤维，纺织品不仅是日常用品的纺织技艺的展现，更是文化符号和财富积累的标志。必须要提一下的是，埃及棉至今都是埃及国宝，我也特地买了埃及棉制品作为伴手礼回来送人。

总之，埃及文明博物馆其实是一个很容易被游客忽略的地方，但我个人是很建议来的，因为用2到3小时，便能完整地看到埃及的发展历程。

埃及文明博物馆木乃伊介绍

古埃及新王国时期涵盖了埃及的第 18、第 19 和第 20 王朝 3 个王朝。由于新王国时期埃及不断对外用兵，使得埃及的版图扩大了 1 倍，因此这一时期又称为埃及帝国时期，是古埃及文明的黄金时代。

第 18 王朝

埃及第 18 王朝，是古埃及新王国时期的第一个王朝，也是古埃及历史上最强盛的王朝，所处的时间大致是公元前 16 世纪至公元前 13 世纪（约公元前 1570—约公元前 1293）。它是古埃及的 31 个王朝中，持续时间最长、版图最大、国力最鼎盛的一个朝代。而此时的中国，时值商朝（公元前 1600—公元前 1046）。

在埃及文明博物馆皇家木乃伊展厅中，有 1 具第 17 王朝和 11 具第 18 王朝的木乃伊展出。他们多是发现于达尔巴赫里神庙的哈特舍普苏祭葬殿上方的皇家墓城以及帝王谷。

盘点如下（不代表现场实际展出的木乃伊顺序）：

1. Seqenenre Tao/Taa 塞格嫩拉・陶
2. Ahmose-Nefertari 雅赫摩斯－纳菲尔泰丽
3. Amenhotep Ⅰ阿蒙霍特普一世
4. Ahmose-Meritamun 雅赫摩斯－梅里塔蒙
5. Thutmose Ⅰ图特摩斯一世

6. Thutmose Ⅱ图特摩斯二世
7. Hatshepsut 哈特舍普苏
8. Thutmose Ⅲ图特摩斯三世
9. Amenhotep Ⅱ阿蒙霍特普二世
10. Thutmose Ⅳ图特摩斯四世
11. Amenhotep Ⅲ阿蒙霍特普三世
12. Tiye 泰伊

1. Seqenenre Tao/Taa 塞格嫩拉·陶

第 17 王朝的第八代法老，统治年间大致为公元前 1559 年至公元前 1555 年；是第 18 王朝第一代法老雅赫摩斯一世的父亲。

他的木乃伊于 1881 年被发现，研究表明他约 40 岁时去世，头骨上有明显的可怕伤痕，几乎可以肯定是与对抗喜克索人（Hyksos，第二中间期侵略埃及的外族，该时期是埃及历史上最黑暗的时期）的战争有关，也足以证明他是暴力致死。

木乃伊看点：头部明显的暴力伤，牙齿，弯曲的手部。

2. Ahmose-Nefertari 雅赫摩斯 - 纳菲尔泰丽

被认为是塞格嫩拉·陶和他的王后阿霍特普的女儿，她嫁给了她的兄弟——第 18 王朝的第一位君主雅赫摩斯一世，生下的孩子包括下一任国王阿蒙霍特普一世。她的已知称号有“伟大的王妃”“国王之母”“上下埃及的女主人”和“阿蒙大妃”，在国家的信仰中具有崇高地位。

她曾在阿蒙霍特普一世幼年即位时摄政，因此也有人认为她是在帝王谷建造陵墓的第一人。

木乃伊看点：木乃伊显示她死时已是 77 岁高龄，秃头佩戴假发，右手遗失，棺木巨大。

3. Amenhotep Ⅰ阿蒙霍特普一世

第 18 王朝的第二代法老，名字是“阿蒙神很满意”（Amon is satisfied）的意思，作为整个新王国时期被国家崇拜的主要神明，阿蒙神和代表他的祭司在之后的埃及扮演着重要角色。

他的主要功绩为领导了对努比亚和利比亚的征战，巩固了埃及新王朝。他去世后与他的母亲雅赫摩斯 – 纳菲尔泰丽一起被神化。

木乃伊看点：木乃伊状态良好，从未解缠，配有完整的面具，裹尸布装饰有花环。1967 年发表的 X 光片显示，木乃伊内有一条珠带和一个小护身符，右下臂骨折。

4. Ahmose–Meritamun 雅赫摩斯 – 梅里塔蒙

阿蒙霍特普一世的姐姐和王后。梅里塔蒙的外棺制作非常精美，使用雪松木制作，有 3 米长。木乃伊的眼睛和眉毛部分镶嵌有玻璃；身体部分被雕刻成蓝色的人字形，营造出了富有羽毛的感觉。棺椁都覆盖着已剥落的黄金。

木乃伊看点：研究显示，她可能在 50 多岁时就去世了。木乃伊有一头棕色的鬈发，脊柱异常侧弯，因此推测她在生命的最后阶段饱受脊椎不正及关节炎之苦。

5. Thutmose Ⅰ图特摩斯一世

第 18 王朝的第三代法老，并非雅赫摩斯家族成员，是阿蒙霍特普一世的将军之一。阿蒙霍特普一世无男性继承人，图特摩斯一世被雅赫摩斯 – 纳菲尔泰丽指定为继承人，约于公元前 1504 年至公元前 1492 年在位。他娶了阿蒙霍特普一世的女儿雅赫摩斯（Ahmose），也算是巩固了统治的权力，生下了未来成为埃及女国王的哈特舍普苏。

作为一名战士法老，他的成就包括对叙利亚的大规模征战以及将埃及的统治范围扩展到尼罗河第四瀑布以南。他是第一位在帝王谷开凿陵墓的法老。

木乃伊看点：身材矮小，但看得出生前有一定的肌肉和气力，秃头，五官端正，嘴部表情细节，手部遗失，耳朵内塞着树脂球。

6. Thutmose Ⅱ图特摩斯二世

第 18 王朝的第四代法老，图特摩斯一世与非王室妻子穆特内弗雷特（Mutnefret）所生庶子。为了巩固他的王位，图特摩斯一世将第一任妻子所生的女儿，也就是图特摩斯二世同父异母的姐姐哈特舍普苏公主嫁给了他。

木乃伊看点：与图特摩斯一世的木乃伊很相似，手部被盗墓者严重破坏，左臂自肩关节被分离，且下臂及右臂自手肘处被切断。右腿被砸断，腹部被砸坏，肋骨也被砸断。指甲和趾甲曾被精心修过，耳部、鼻腔和侧边开口塞入了浸过树脂的亚麻布。

7. Hatshepsut 哈特舍普苏

图特摩斯二世与哈特舍普苏并没有儿子，为了埃及着想，他传位于私生子。图特摩斯三世即位时年纪尚小，于是哈特舍普苏作为图特摩斯二世在位时的共同统治者，开始摄政管理国家。

当然，哈特舍普苏是不会甘心一直作为摄政王的，于是在图特摩斯三世即将成年之时，她篡夺王位，将其送到战场，自己成为国王，即第18王朝第五代法老。女法老统治的时代，就这样来临。

因为知道自己的王位得来得名不正言不顺，在位期间她大力开展埃及与邻国的商贸，比如赞助前往蓬特之地（位于现代埃塞俄比亚和苏丹之间），以获取象牙、树脂、乌木、香料和其他贵重物品；在国内大兴土木，她在与帝王谷隔着一座山的代尔埃尔巴哈里修建了杰塞尔－杰塞鲁神庙（Djeser-Djeseru），用来祭拜太阳神阿蒙。

哈特舍普苏还是王后的时候就已为自己建造陵墓，但最后葬于父亲的陵墓，即帝王谷20号墓（KV20）。不得不提的是，哈特舍普苏死后，其遗迹和雕像等皆被图特摩斯三世和其子阿蒙霍特普二世抹除破坏，以抹去一切她存在的痕迹，表达无尽怨恨。抹除名字，这也是古埃及最可怕的刑罚。

木乃伊看点：1.55米高，大骨架，生前身体壮实甚至肥胖，先天下颌过短。

8. Thutmose Ⅲ 图特摩斯三世

哈特舍普苏摄政后上位，将图特摩斯三世派去战场指挥军队，他也因此成为新王国时期最伟大的战士法老之一。在哈特舍普苏去世后，他重新夺回王位，成为第 18 王朝第六代法老。在他的单独统治下，埃及至少进行了 17 次军事远征，人称“古埃及拿破仑”，巩固了埃及作为超级大国之一的地位。

在美吉多、卡迭石、卡赫美士等地取得一系列胜利后，他将埃及帝国的版图扩大到了历史上最大的范围，从北部的幼发拉底河到南部的尼罗河第四瀑布。他成功地确立了埃及在利凡特（今叙利亚至巴勒斯坦一带）的统治地位，还使利比亚、亚述、巴比伦、赫梯及克里特岛的统治者们向埃及纳贡。他总共在位 54 年，虽被哈特舍普苏掌握实政 20 多年，但这也是新王国时期最鼎盛繁荣的时代。

木乃伊看点：长相标致，眼窝较深，下巴厚重，嘴唇厚实，颧骨突出，整体喜悦安详。手部呈紧握状态，据推测下葬时原本握有某件陪葬品，但这件物品已丢失。

9. Amenhotep Ⅱ阿蒙霍特普二世

图特摩斯三世的儿子，第 18 王朝的第七代法老。阿蒙霍特普二世引以为傲的是他强健的身体，他运动能力极佳，喜欢各种竞技活动，不论是赛车、狩猎还是射箭，样样精通，尤其钟爱马术。

他在位时维护着父亲巩固的帝国边界，并在利凡特和努比亚进行征战，平定叙利亚叛乱，与巴比伦、赫梯等同时代强国建立外交联系，确保了埃及的财富和权力。在他统治的时期，埃及还算是一个安定祥和的国家。

阿蒙霍特普二世在帝王谷修建的陵墓是非常著名的 KV35

（存放着新王国时期十几位保存完好的法老和皇室成员遗体）。约同一时期，位于华夏的商王朝将都城迁到了殷。

木乃伊看点：身高突出（生前有 1.8 米高），手臂按照仪式交叉摆放。

10. Thutmose Ⅳ图特摩斯四世

阿蒙霍特普二世与王后蒂亚（Tiaa）的孩子，第 18 王朝的第八代法老。闻名世界的狮身人面像（Great Sphinx）是他主持发掘并修复的。根据他立的《梦之碑文》（*Dream Stele*）记载，在他还是王子时，有一天到沙漠中打猎并在树荫下睡着了，梦到狮身人面像斯芬克司对他说，只要能清理掉覆盖在其身上的沙子，便可让他当上法老作为回报。由于他不是长子，也有人猜测，他的王位是篡夺而来。

图特摩斯四世在位期间比较务实，鲜少征战，他与埃及东北部最大的竞争对手米坦尼人建立了和平关系，并娶了米坦尼公主，结成联姻同盟，以保证埃及和平。他也是已知最早提出崇拜阿吞神的埃及法老。

木乃伊看点：这具木乃伊可以说是展出的 20 具木乃伊中最让人印象深刻的，五官清晰可见，牙齿整齐洁白，头发很明显且发色为深棕红色，有耳洞。

11. Amenhotep Ⅲ阿蒙霍特普三世

第 18 王朝的第九代法老，是图特摩斯四世的庶子，著名法老阿蒙霍特普四世（Amenhotep Ⅳ）的父亲，图坦卡蒙的祖父。

阿蒙霍特普三世统治的时代，对内各因素稳定，对外没有大规模战争，可以说是整个埃及新王国权力、财力和荣耀最鼎盛的时期之一。同时他还热衷外交，与当时的很多大国如巴比伦、米坦尼修好，也纳了不少其他国家的公主为妃。

阿蒙霍特普三世是历代法老里最热衷做雕像的一位，据不完全统计，其下令制作的雕像超过了 250 尊，比如科姆赫坦（Kom el-Hettan）纪念神庙前面矗立着的巨大雕像，即著名的门农巨像（Colossi of Memnon）。他也喜欢修建巨大的建筑物，例如为了欧佩特祭典（Opet Festival）而修建的卢克索神庙，还有纪念碑。在他的领导下，埃及艺术在这一时期达到了巅峰。

木乃伊看点：牙齿。他晚年饱受牙病之苦，一口牙齿已经烂透了。

12. Tiye 泰伊

不知道为什么博物馆官网上介绍的陈列的木乃伊中没有泰伊，但我也确实看到了她的“真身”，而且驻足参观最久。尽管已是木乃伊，但依旧可以看出泰伊生前的美貌，厚密的头发，高起的颧骨，不难想象她生前的气场与地位。

泰伊是阿蒙霍特普三世的正室，阿蒙霍特普四世的母亲，图坦卡蒙的祖母。与前几任法老都是近亲结婚不同，阿蒙霍特普三世娶了平民的女儿，泰伊的父亲尤雅（Yuya）可能是个亚洲人，是司掌男性生殖的“敏神”的仆人，主管马厩和马车。她的母亲图雅（Thuyu）是埃及本地贵族，一位兼具宗教和经济职能的机构的高层人员，同样受敏神的庇佑。

阿蒙霍特普三世几乎是以昭告天下的方式公布他娶泰伊为王后的消息，他制作了一些尺寸很大的彩陶圣甲虫（Scarab），上面镌刻着两人的婚事，并分送到埃及各省以及友邦的君主手中。婚后，泰伊扶持法老一同管理国家，深度参与政治生活。事实上，她的政治权力源于宗教和其象征意义。换句话说，她与女神玛阿特很相似，追求光明之神“拉”，因而在法老中占据有一席之地。又可以理解为，在人世间，王后是和谐法则的化身，也是一个公正而稳定的政体中的关键人物。她也是天空、爱情和快乐女神哈托尔的化身，她用法力保护国王。赋予泰伊这么多“神明”的化身，可见她的地位和威望。

在开罗的埃及博物馆中央大厅，有一座古埃及雕像，雕刻的便是阿蒙霍特普三世与泰伊，是目前已知的世界上最大的双人雕像。泰伊王后坐在法老的左侧，她的右臂搭在丈夫的腰间，她的身高与法老相当，这也给我留下了很深的印象。

木乃伊看点：一头天然浓密的波浪形红棕色长发，即使在今天看起来仍然美丽而健康，也因此其被称为“长发夫人”。泰伊的左臂举于胸前，手呈握状，但所握之物已缺失。其右臂静静地放在身旁，缺失中指。其躯干有破损。

第 19 王朝—第 20 王朝

埃及第 19 王朝（公元前 1295—公元前 1189），新王国时期第 2 个王朝，公元前 1295 年由拉美西斯一世建立。拉美西斯二世统治时期，与赫梯帝国（今土耳其）在叙利亚的战争结束，埃及第 19 王朝达到鼎盛。公元前 1189 年，埃及第 19 王朝被伊苏尔起义推翻。

第 20 王朝被认为是古埃及新王国最后一个王朝，然后是第三中间期。第 20 王朝相比新王国时期最强大的时期已经衰落。值得一提的法老只有拉美西斯三世。最后几任法老的权力受到了底比斯（Thebes）大祭司的严重挑战。到了拉美西斯十一世，法老的影响已经非常微弱，以至于南部底比斯的阿蒙大祭司实际控制了上埃及，而第 21 王朝法老斯门代斯（Smendes）控制了下埃及。最终斯门代斯在拉美西斯十一世死后，在塔尼斯（Tanis）建立了第 21 王朝。埃及第 19 王朝到第 20 王朝时期，中国正处商朝。

在埃及文明博物馆皇家木乃伊展厅中，有 5 具第 19 王朝、5 具第 20 王朝的木乃伊展出。这些木乃伊多半发现自帝王谷。

盘点如下（不代表现场实际展出的木乃伊顺序，序号接上文）：

13. Seti Ⅰ塞提一世
14. Ramesses Ⅱ拉美西斯二世
15. Merenptah 麦伦普塔
16. Seti Ⅱ塞提二世

17. Siptah 斯普塔
18. Ramesses Ⅲ拉美西斯三世
19. Ramesses Ⅳ拉美西斯四世
20. Ramesses Ⅴ拉美西斯五世
21. Ramesses Ⅵ拉美西斯六世
22. Ramesses Ⅸ拉美西斯九世

13. Seti Ⅰ塞提一世

第19王朝第二代法老，最著名的法老拉美西斯二世的父亲。他同父亲拉美西斯一世一样，是一名军官，即位后重振埃及军队，指挥了多次进军利比亚和利凡特的战役，还收复埃赫那顿时期埃及在叙利亚南部和巴勒斯坦丧失的领土，恢复了埃及在海外的权威。

他热衷于大兴土木，修建了包括卡纳克神庙（Karnak Temple）柱厅在内的许多宏伟建筑。他的事迹也都被记录在卡纳克神庙的阿蒙神庙中，大规模雕刻的战斗场景展现了他的“战斗值”威力。在统治的第9年，他立独子拉美西斯二世为王储，在这之后父子二人可能共同执政。

木乃伊看点：塞提一世的木乃伊被盗墓者破坏，虽然头部与身体分离，但仍是所有法老中保存最完整的。修复者用黄色裹尸布将木乃伊重新包裹。

14. Ramesses Ⅱ 拉美西斯二世

第 19 王朝第三代法老，可以说是新王国最著名的法老。他在位时间很长，统治了 66 年。他去世的时候 88 岁。

拉美西斯二世被认为是一位伟大的战士，他与以今土耳其为中心的赫梯帝国爆发了著名的卡迭石战役（Battle of Kadesh），签署了可能是人类历史上最早的国际协定《银板和约》，使埃及和赫梯成为军事同盟，并娶了赫梯君主的女儿来巩固新建立的联盟。他亦出现在了《圣经·旧约》的《出埃及记》中。

拉美西斯二世在埃及各地及努比亚都建造了神庙来彰显他的威名，他建造了阿布·辛拜勒神庙、拉美西斯神庙，并扩建了卡纳克神庙和卢克索阿蒙神庙。他在位期间，完工了父亲在时开始修建的卡纳克神庙大列柱厅（Great Hypostyle Hall），以及底比斯和阿拜多斯的塞提一世祭葬殿（Temple of Seti Ⅰ at Abydos）。

他与众多王后生了 100 多个孩子，最著名的妻子是纳菲尔塔利（Nefertari），后娶了自己的女儿梅里塔蒙（Meritamun）。

木乃伊看点：面部足以看出老态，太阳穴上留有几根稀疏的毛发，但头顶的毛发很浓密，形成了大约 5 厘米长的光滑直发绺。值得关注的是，木乃伊当年由于保存状况不佳，被送往巴黎人类博物馆进行研究和修复。为此，埃及当局特别发给这位木乃伊一本护照。拉美西斯二世的木乃伊成了唯一有护照的木乃伊。

15. Merenptah 麦伦普塔

第 19 王朝的第四代法老，是拉美西斯二世的第 13 个儿子。因为父亲足够长寿，他的兄长陆续过世后，他便继承了王位。他也是一名善战的法老，在位时期挫败了利比亚人和海上民族联盟袭击埃及三角洲的行动，平定了努比亚的叛乱。他那个时代留下的最重要的文物之一“以色列石碑（Israel Stele）”意义非凡，这是人们第一次在《旧约》以外找到其他文明留下的关于以色列人这个族群的记载。

木乃伊看点：太阳穴和枕骨上只剩下稀疏且极短的白发，上唇有黑色毛发，脸颊和下巴上有散落的毛发。其脸部特征和父亲拉美西斯二世类似，但头盖骨的形状和脸部的尺寸更接近于祖父塞提一世。

16. Seti Ⅱ 塞提二世

第 19 王朝第五代法老。他为自己在帝王谷修建的陵墓被发现有破坏过的痕迹，他的名字被抹去了。由此不难结合一些记录了解到，他在位时遭阿蒙麦西斯（可能是其异母兄弟）篡位，最终他夺回了属于自己的王权，并下令抹除阿蒙麦西斯在这个世界上存在的痕迹：阿蒙麦西斯的名字被磨除，改刻上塞提二世的名字。阿蒙麦西斯在帝王谷所建造的陵墓也停止施工，其木乃伊不知所终……

尽管塞提二世的统治时间短暂且麻烦不断，但他留下了几座重要的建筑，包括利凡特女神哈索尔的神庙、阿蒙三桅帆船的停靠站，以及卡纳克神庙的几座供奉底比斯三联神的小教堂。

木乃伊看点：头部与身体分离，头部有个洞，颈部骨折，右臂完全遗失，左手也有几根手指遗失。

17. Siptah 斯普塔

第 19 王朝第七代法老，父亲不确定，塞提二世或者阿蒙麦西斯都有可能。由于斯普塔即位时年龄不满 10 岁，他的继母塔沃斯塔（Twosret）和一位来自亚洲的名叫“拜”的总管共同摄政。

回看历史，斯普塔所在的时代已是第 19 王朝晚期，恰好是一个一片混乱的时代。他的祖辈们靠军事行动从外部带回了数量庞大的战俘人口，他们在埃及从事着开采矿山、修建基础设施等劳役活动。埃及防御能力的衰弱给了战俘奴隶们揭竿而起的机会。很多历史学家认为，《圣经 · 旧约》中所记载的《出埃及记》的原型，也许就是这一时期在歌珊地（Land of Goshen，三角洲东部）遭受奴役的以色列人趁埃及局势混乱，离开埃及的故事。

在 6 年的统治后，斯普塔法老离奇身亡。塔沃斯塔成为继哈特舍普苏之后又一位埃及女国王。她只统治了埃及两年，最终在一场内战中被推翻。乱世之中，一位新的法老塞塔克特（Setnakhte）取代了塔沃斯塔，开创了一个新的王朝，即第 20 王朝。

木乃伊看点：左脚严重畸形，怀疑生前患有小儿麻痹或脑瘫而无法行走。右脸颊和前面的牙齿缺失，耳朵被砸坏，右臂自肩膀处被砸断，右手处于分离状态，右前臂也被打断。

18. Ramesses Ⅲ 拉美西斯三世

第 19 王朝结束在混乱之中，一位出身不明的法老塞塔克特登上王位，恢复了秩序。据猜测，他与拉美西斯王朝的王室血统有某种关系。塞塔克特在位只有几年便传位于他的独子拉美西斯三世。拉美西斯三世，第 20 王朝的第二代法老，也被认为是新王国时期最后一位伟大的“战士法老”。

拉美西斯三世在位的首要任务是阻止外敌入侵，他曾与利比亚人和海上民族战斗，同时也致力于稳定埃及的内部政治局势。但这些也没能阻止外敌在埃及旁的亚洲领土上建立数个新国家，令埃及在亚洲的势力趋向衰落。

在拉美西斯三世统治时期，古埃及帝国面临着经济困难的形势，而国王对抗入侵者的战争的花费更是令财政雪上加霜，外加东地中海的大部分地区都在遭受干旱，拉美西斯三世统治的后期粮食价格飞涨，可谓内忧外患。一份莎草纸详细描述了有记录的第一次罢工，该罢工由代尔麦地那（Deir El-Madina）的皇家工匠发动，原因是被克扣工资和物资。

尽管拉美西斯三世取得了巨大的胜利和成就，但他的晚年很是悲凉，他的妻子泰伊为了让自己的儿子彭塔瓦尔（Pentawer）成为法老，联合众人密谋暗杀他。虽然他躲过一时，最后还是因后宫政变被刺身亡，其喉咙被割断，死于非命。

木乃伊看点：双手交叉放于胸前，脖子被布缠绕。因为没有被盗墓，所以拉美西斯三世的木乃伊保存完好无损。该木乃伊是第一个被镶嵌假眼的木乃伊，因此样子很骇人，让人记忆深刻。电影《木乃伊》里面的木乃伊样貌就是据此设计的。

19. Ramesses Ⅳ拉美西斯四世

拉美西斯三世险些死于小王后和儿子的谋杀，拉美西斯四世保住了自己的王储之位。作为第 20 王朝第三代法老，他登基后立即处决了策划谋杀他父亲的人。他执政只有六七年的时间，他的治国理念基本延续自其父亲。在拉美西斯四世的统治下，代尔麦地那皇家工匠村的工作队伍增加了一倍。他还派遣探险队前往西奈半岛开采绿松石，扩建了赫利奥波里斯（Heliopolis）的太阳神庙，扩建了他父亲在卡纳克神庙建造的孔苏神庙（Temple of Khonsu at Karnak），并让人在底比斯西岸建造一座大型神庙。可以说，拉美西斯四世一直在用自己的方式纪念着死于非命的父亲。

木乃伊看点：头部和其子拉美西斯五世，第 19 王朝的麦伦普塔、塞提二世一样有破洞，指甲盖丢失，眼球部分使用洋葱代替，估计是为了让眼睛看起来自然些，不会像其他木乃伊那样看起来干瘪空洞。

20. Ramesses Ⅴ拉美西斯五世

昙花一现的第 20 王朝第四代法老，拉美西斯四世的儿子。有关他的记录甚少。只知道他在位仅 5 年，其间面临着严重的内乱，阿蒙神祭司的势力日益增长，他们控制了许多土地，并通过儿子和下属干预财政，法老的很多权力被分散。就连他为自己建造的帝王谷陵墓（KV9）在他去世前也没有完成，后来陵墓又被他的叔叔拉美西斯六世霸占了。

木乃伊看点：很消瘦，脸部被涂成了红色，很多痘坑，在其眼睑下被塞满亚麻布以形成人造眼睛。耳朵部分有被拉伸扩大的耳洞，足以证明古埃及人与其他非洲人民一样喜好装饰自己的身体部位。

21. Ramesses Ⅵ拉美西斯六世

第 20 王朝的第五代法老，他是拉美西斯三世的儿子、拉美西斯四世的弟弟，继承了他的侄子拉美西斯五世的王位。在他统治期间，埃及开始走下坡路，掌控的领土开始分崩离析，比如失去了对叙利亚和巴勒斯坦领土的最后控制。

尽管拉美西斯六世将女儿伊赛特（Iset）嫁给了阿蒙大祭司拉姆塞斯纳赫特（Ramsesnakht），但依旧无法阻止其家族在底比斯地区拥有越来越大的影响力。埃及经济更加不振，建设项目越来越难筹集资金，物价上涨迅速。他也是最后一位在西奈半岛开采铜矿的法老。但为了能彪炳史册，他将先王时期所建造的很多纪念碑和雕像都说成是自己建造的。

木乃伊看点：面部被盗墓者严重破坏，脸骨已经不见，有耳洞；木乃伊的手脚已被砸断。

22. Ramesses Ⅸ拉美西斯九世

第20王朝的第八代法老，自拉美西斯三世以后，多数法老的在位时间都很短，也没有留下多少记录和事迹。从拉美西斯七世起，埃及经历着动荡，物价上涨，长期的干旱和饥荒导致粮食价格极贵。埃及内乱和海上民族的入侵，使海外领土相继失守，以往富庶辽阔的埃及至此只剩下苦撑。

拉美西斯九世可能是拉美西斯三世的孙子、拉美西斯八世的儿子，尽管他在位时间达到了18年，也无法挽救摇摇欲坠的新王国。阿蒙大祭司们掌控了埃及大多数土地以及经济命脉，法老虽然名义上还是国家的最高统治者，但权力已被架空。他开始放弃底比斯，向努比亚和达赫拉绿洲寻找存在感，把权力给了上埃及的大祭司们。他的主要贡献是建造了一座赫利奥波里斯的太阳神庙，以及完成了卡纳克神庙第七塔门的修建。

木乃伊看点：脖子被砸坏，鼻子丢失。

阿拉伯国度里的教堂

悬空教堂（El Muallaqa/Hanging Church），我在开罗的第二个行程目的地。全名亚历山大科普特正教会圣母玛利亚教堂，是埃及最古老的教堂之一、开罗最著名的科普特正教会教堂，还有可能是第一个巴西利卡风格的教堂，建造历史可追溯至公元 3 世纪。

教堂位于开罗科普特老城中巴比伦要塞入口的上方，虽然叫悬空教堂，但它并不是吊在半空中，而是建在以前的城墙南门上，距离地面有一定高度。后期城区和教堂的修护将周围的地面抬高，便没有了悬空感。但教堂内有块可以看到原始地基的玻璃，再对比现今的地基，整座建筑就如同从坑中拔地而起，进入教堂需要攀登 29 级台阶。

一位穿着黑衣、手持木制十字架的神父站在台阶之上，很多信徒排队来见。我在不远处观察着，他也看见了我，向我招了招手，没有宗教信仰的我摇手微笑示意，之后赶紧离开。

悬空教堂

悬空教堂的神父

进入教堂内参观了一圈，周围都是各路旅游团，我跟着讲英语的一行人听了个大概：“黑檀的座椅、大理石的讲坛都是精心制作的，13 根石柱象征 13 位信徒，其中黑色石柱代表出卖耶稣的犹大，灰色柱子代表多马，他是唯一不相信耶稣复活的门徒……”但其实我对这座教堂并没有什么感觉，到处人挤人，狭窄的地方还需要排队错身前行，在 45 ℃户外温度之下，我只想赶紧找个阴凉的地方喝杯冰水。

走出悬空教堂百米，我便又进入了另一个教堂——圣乔治教堂（Keniset Mar Girgis/Church of Saint George），它原建于 10 世纪，被毁后于 1909 年重建，是埃及迄今为止发现的唯一的圆形教堂。作为希腊东正教教堂，不论是从外观，还是内在的装潢，圣乔治教堂都和我之前在巴尔干半岛见过的并无区别。

从圣乔治教堂出来，遇到两个持枪警察从我身边踱步而过，我本以为是日常的巡逻，心想开罗看来还挺安全的，再一看他俩走去的警卫亭，亭外全是带铁丝的防护栅栏，窗户上贴着 The Coptic Museum（科普特博物馆）的海报，门票 40 埃及镑。这是什么地方？竟然如此守卫森严！我不禁好奇地上前询问是否对外开放，在得到肯定的回答后，我便买票进入一探究竟。

圣乔治教堂

埃及国名溯源 & 科普特的词源

在聊博物馆前，我先介绍“科普特（Copt）”这个称呼的来源，这还要从希腊人——包括马其顿人——谈起，也很有必要先回溯一下“Egypt（埃及）”一词的由来。在第20王朝后，埃及法老的权力被阿蒙的祭司们瓜分，政府和神职人员的腐败导致中央政府崩溃，国家再次分裂，埃及进入了第三中间期（公元前1077—公元前664）。第25王朝，在库施国王皮耶（Kushite King Piye）的统治下，埃及再次统一，文化繁荣。从公元前671年开始，埃萨尔哈顿（Esarhaddon）领导下的亚述人入侵埃及，国家再次失守并最终任由命运发展。后来，公元前525年埃及落入波斯人之手，直到公元前332年，来自希腊的亚历山大大帝到来为止。

对于古埃及人来说，他们称其故土为“Kemet”，意思是“黑土地”，因尼罗河沿岸肥沃、黑色的土壤而得名，那里是第一批人类定居点。后来，埃及被称为“Misr”，意思是“国家”，至今埃及人仍在使用这个名称。亚历山大东征占领埃及之后，便将埃及的土著居民称为“Aigyptos”，这个词源于希腊语，它是古埃及名字“Hwt-Ka-Ptah（普塔精神大厦）”的希腊语发音，最初是孟菲斯市著名寺庙的名称。荷马则认为埃及的国名源于波塞冬的一个孙子——埃古普托斯（Aegyptus）。孟菲斯是埃及的第一个首都，也是著名的宗教和贸易中心，希腊人用这个名字代指整个国家，证明了它的崇高地位。

而我们今天所称用的“Egypt”一词，是“Aigyptos”的衍生。

再后来阿拉伯人为了便于发音，称他们为“Qipt”，之后该词便通指埃及境内不以阿拉伯语为母语的非穆斯林居民。这也是“Copt”一词的词源。而科普特人则使用科普特语“Kyptos”。

古埃及法老宗教衰落到伊斯兰教传入之间的几百年，是希腊罗马人占领时期，所以这里信奉的是基督教雅各布派科普特支派。历史上，亚历山大教宗和全非洲牧首的驻地位于埃及亚历山大。但是自从阿拉伯入侵埃及以后，统治中心从亚历山大迁往开罗。1047 年，在教宗克里斯托多罗斯（Christodoulos）任期内，开罗成为科普特教宗的官方驻地。位于巴比伦的要塞城是开罗最古老的城区，由罗马人建造，占据着尼罗河边控制埃及的战略要地。科普特人躲入要塞城避难，并在这里修建了不少教堂和修道院。而我所游览的悬空教堂、圣乔治教堂以及科普特博物馆，也正位于此。近些年，又因为宗教问题经常爆发冲突，所以在科普特博物馆门口，乃至巴比伦要塞城门口，都有持枪的警卫看守，以防暴乱。

科普特博物馆

科普特博物馆内外都很安静，三三两两的人分散参观。相比游客如织的悬空教堂，很多人可能也是看到警卫们的架势，误以为这里是政府要地而没凑近吧。说实话，这里是我在埃及旅行中去过的最令人惊喜的地方，没有之一。

科普特博物馆

最先让我兴奋的是博物馆内建筑，深色木制的窗户挂在外墙之上，让我一下子就想到了我在写马耳他欧洲的“彩色木盒子”时曾追溯过当地特色阳台的来源——北非特色阿拉伯式窗户，两者如出一辙。而我也终于窥见了窗内原本的样子，真的是里可见外，外不见里。感觉之前学到的知识得到了印证，内心欣喜。

深色木窗

木窗内部

瓦莱塔的“彩色木盒子”，本质上是一扇窗户，它叫加利亚里哈（Gallarija），准确对应的英文是 Gallery（画廊）。没有人知道加利亚里哈到底是如何在马耳他流行起来的，单纯地从建筑风格上来看，它们更拥有北非地区阿拉伯房屋的特色。在不允许穆斯林女性与外界接触的年代，这种在窗户装上有缝隙的木板的封闭式阳台，让她们可以看到外面的街道，同时又能确保外面的人看不到里面，私密性很强。随着17世纪末巴洛克风格传入马耳他，阳台逐渐成为建筑的组成部分。

马耳他木窗

马耳他人普遍认为第一座木制封闭式阳台出现在瓦莱塔大师宫（Grand Master's Palace）。最初，宫殿是传统的开放式石头阳台，然而在某个时候，阳台被遮盖住了，取而代之的是一排从墙上伸出的超长木廊，被称为Gallaria。一是为了增加建筑面积，成为一个“空中走廊”，二是方便宫殿内的人悄悄地监视下面的臣民。

科普特博物馆让我喜欢的另一个原因就是展品和背后的历史。科普特时期的艺术延续着古埃及文明，又受到拜占庭和伊斯兰教的影响，可以说是法老艺术、希腊罗马艺术和伊斯兰艺术之间的纽带。1910 年博物馆落成，1939 年文物局决定将埃及博物馆展出的全部基督教文物转移到科普特博物馆，圣像、布料、手稿、神父服装、壁画、木板、雕塑，这里汇集着研究埃及基督教历史所需要的大量材料。

科普特文物

科普特博物馆内

作为一名外行的游客，我在一件件陈列的文物中，慢慢感受那些莎草纸上的象形文字，那些难以读懂的圣书体，那浓厚的眼线、交叉于胸前的双手……那曾经无比灿烂辉煌的古埃及文明，在科普特“世界”里一点点地被融合，直至“不见”。

我驻足在出土自科姆阿布比卢的陪葬石碑前，石碑上刻着标志着宗教法老艺术的荷鲁斯（Horus）猎鹰、阿努比斯（Anubis）胡狼，和带有科普特艺术风格的举起双臂的奥兰特，还有十字架、鸟类等图案，这些风格和图像象征着希望复活，是古埃及文化和罗马文化的融合，更是时代的过渡与衔接。我看着映在古老展品玻璃前我的影子，脑海中萦绕的只有张可久《人月圆・山中书事》中那句：“兴亡千古繁华梦，诗眼倦天涯。”

陪葬石碑

参观到最后，我都有些恍惚，在那些石雕、织物上，我看到了很多在国内石窟中常见的元素，比如葡萄、圣果、飞天……而再一查历史，亚历山大到达埃及时，中国正处于战国时期，而埃及历史中科普特人留下印记最多的时代3世纪至12世纪，也正对应了中国石窟艺术顶峰时期的南北朝、唐朝和宋辽时期。在科普特博物馆，我也终于将古埃及和中国两大文明体在世界的时间线里“连接”上了。

科普特文物

从教科书上的图片，到眼前的金字塔

如果翻看我的小学同学录，在职业那栏我写的是“去埃及考古”。印象中，小时候被我翻得最烂的一本书，是一本关于埃及的书，黑色封皮上印着狮身人面像和金字塔。2002 年的时候，我目不转睛地看全球直播胡夫金字塔考古，但考古最终以石门后面还有一道门无法继续探索而结束。（2002 年 9 月 17 日埃及当地时间凌晨 2 时，由美国国家地理学会组织的考古学家借助最先进的机器人突破“死神之翼”进入胡夫金字塔，这是人类第一次深入窥探金字塔内部。）埃及，是我小时候最向往的国度，神秘的金字塔、法老的诅咒、骇人的木乃伊、黄沙之下埋葬的古老秘密……未知的远方和未能完全补全的历史，深深地吸引着我。

大部分游客来埃及参观的金字塔是吉萨金字塔群（Pyramids of Giza），金字塔群由古埃及第 4 王朝（约公元前 2613—公元前 2494）的三位法老胡夫（Khufu）、哈夫拉（Khafra）和孟卡拉（Menkaure）建造，是古埃及金字塔最成熟的代表。主要由胡夫金字塔、哈夫拉金字塔、孟卡拉金字塔、狮身人面像组成，周围还有许多马斯塔巴（Mastaba）与小金字塔。虽然地理位置上在吉萨，但金字塔本身与开罗融为一体，像是矗立于城市边缘的“守望者”。

Oh! My Great Pyramid!

我们的车停在金字塔外的停车场，上午 10 点多到达时已是烈日当头，户外温度大约 42 ℃，没有一丝阴凉。售票处排着长长的队。“金字塔从来不缺游客。”我们请的会中文的向导孟天说。在人群中排队买票的他，T 恤后背已经湿透了。还没进入景区，我就已经热得有点儿不耐烦了。嘈杂、暴晒是我对金字塔景区的第一印象。

在门口安检后又走了一小段路，我真正地站在金字塔群下，这是我儿时梦想之地，时隔 20 多年后，我终于到达了。当小时候看的百科全书中的配图与眼前的景物重合之时，一种来自内心深处的触动油然而生。

金字塔一瞥

“金字塔竟然这么大啊！”我自言自语道，但嗓音已提高了几个八度。的确，尽管看过了无数次金字塔的介绍，熟记它的尺寸，可不到实地与它面对面的那一刻，我还是无法切实地想象和感受它的巨大。我就好像到北京爬长城的人站在山脚下惊叹“The Great Wall!”一样，只能高呼：“Oh! My Great Pyramid!”

我与金字塔

我们在金字塔群景区参观的路线就是绕着各个金字塔走，然后骑骆驼到一处高地去看金字塔群的全景，最后是打卡狮身人面像。孟天问我："你们要进金字塔内部吗？"我问他是否值得一看，他疯狂摇头道："里面基本都是空的，在当下温度进去相当于买了中暑套餐，金字塔内估计得有 50℃吧。如果想看墓室，卢克索的帝王谷更值得去；如果想去看木乃伊，就去埃及文明博物馆。"这是他的建议。已经要被晒化的我们果断选择放弃。据他介绍，如果是 11 月至次年 2 月来埃及旅游，温度舒适，买票参观也不错。

骑骆驼看金字塔

金字塔那硕大石块让我印象尤为深刻，每块石块大约 2.5 吨重，站在其下，我唯一的疑惑就是：在那个时代，人们是如何运送如此重的石块，又是如何在没有起重机的情况下堆建起这个“擎天巨塔”的？我问孟天：“你相信是外星人建造了金字塔吗？”他笑而不语。我继续发问：“那你们上课时学的历史是怎么讲述金字塔建筑的？”他继续笑而不语。也许连埃及人也解释不清那数千年前的历史，他们用一个个故事试图谱绘出当年的盛景，但终究留给世人太多的未解之谜。

金字塔硕大石块

我在金字塔石块下

关于为什么建造金字塔

在亲眼看到埃及金字塔后，我再一次感受到不论是哪里的人，不论是什么信仰，从古至今人们都非常看重生死。也许正因为不知道死后的世界会是什么样，所以修建坟墓是这个世界大部分文明约定俗成的，而坟墓的豪华程度、陪葬品和殡葬规模，也代表了对死后“重生、再生”依旧可以享受生前的一切的重视程度。古埃及人也是如此。

关于金字塔的起源与演变，我比较认同以下的解释：

埃及第 1 王朝、第 2 王朝时的法老们就已经给自己修建死后的大型陵墓了，只不过当时还不是金字塔，而是梯形平顶的墓葬形式，被称为马斯塔巴，阿拉伯语意为“石凳”，然后将自己埋于地下墓室，等待“灵魂的远行”。

第 3 王朝第一位法老左塞尔（Zoser）令自己的宰相伊姆霍特普（Imhotep）在萨卡拉（Saqqara）设计了一个全新形式的陵墓，即 6 层叠层阶梯样式的梯形金字塔，也是后面金字塔的原型，据说这是参考了美索不达米亚的塔庙（ziggurat）样子。

到了第 4 王朝，也是古埃及古王国时期第 2 个王朝，古埃及文明在这一时代达到了空前的高度。金字塔时代亦诞生于这个时期，那时候的法老相信他们是太阳神拉（the Sun God, Ra）的后裔，而与神拉的交流办法就是建起闪闪发光的白色石灰石山，顺着“永恒的地平线”直刺青天，这个地平线就是西部沙漠的悬崖峭壁。他们将金字塔的阶梯式递堆变为平滑的坡面，平滑的石灰石便可以在阳光下闪闪发亮。

金字塔群

梯形金字塔

这些古王国时期的国王坚信，在离开这个世界很久之后他们仍要通过这些巨大的“载体”来施展他们神圣的魔法，让他们在处于两个世界的交界面的花岗岩石棺里继续控制和感知世界。而这两个世界是指有秩序的世界和混乱的世界——尼罗河谷肥沃的黑土地和沙漠中荒芜的红土地，也是生者与死者的领地。因此，金字塔建造在尼罗河的西岸，也被称为夕阳之地。建造方式是四角指向赫利奥波利斯的拉神殿（the Temple of Ra in Heliopolis），与猎户座（Orion）相呼应。

怎么说呢，研究金字塔是一门历史“悠久”的学科，数百年以来，围绕金字塔本身的研究从未停止。从拿破仑远征埃及后出现的各种结论，比如“金字塔塔高乘以 10 亿等于地球到太阳的距离”“金字塔高度乘以 1000 亿，正好是地球在轨道上移动 1 天的距离”“金字塔的总质量是地球的一千兆分之一”“金字塔的高度是陆地平均海拔高度”，都随着科学计算的进步被证伪。而近期开始出现一些伪造说，“古埃及伪史”“金字塔是现代人建造的水泥景观”“埃及建来骗钱带动旅游业的”等“阴谋论”被很多人确信，甚至有段时间也有人一直狂给我发所谓的证据，我都一笑置之。

我只能说，人们只相信自己所相信的一切。我尊重发掘出的所有文物，尊重考古学，尊重现代仪器所测量的那些来自古代的数据，更尊重埃及学者和他们的研究。当我站在金字塔下，在晒太阳、在触碰历史、在荒芜沙地之上来一场穿越时空的对话时，旅行这本书中埃及这页我翻开了，知识点很多，我会慢慢补。

胡夫金字塔

位于金字塔群最北端的是胡夫金字塔（Pyramid of Khufu），

也是吉萨高原上建造的第一座金字塔，它是埃及第 4 王朝第二位法老胡夫的陵墓。

胡夫是赫特菲勒斯（Hetepheres）女王和法老斯奈夫鲁（Sneferu）的儿子，他父亲完成了一个了不起的改变：将金字塔的阶梯式递堆变为平滑的坡面，平滑的石灰石在阳光下闪闪发亮，从而建造了世界上第一座真正的光滑金字塔——代赫舒尔的红色金字塔（The Red Pyramid at Dahshur）。塔高 105 米，比胡夫金字塔矮三分之一，坡度也比胡夫金字塔小很多，同在吉萨。

许多古埃及学者认为红色金字塔附近的是弯曲金字塔（Bent Pyramid），这座金字塔也是斯奈夫鲁下令建造的，作为光滑金字塔的第一次尝试。不过由于最早底部的材料是砾石和黏土，如今外立面已经基本剥落了。

胡夫在位 20 多年，几乎一登基就开始修建金字塔了。

胡夫金字塔

胡夫金字塔的冷热知识

- 胡夫金字塔于公元前 2580 年左右开始建造，并于公元前 2560 年左右竣工。
- 胡夫金字塔是古代世界七大奇迹中最古老的一座，也是当今唯一保存完好的金字塔。
- 主流学者相信胡夫的表弟兼大臣赫米努（Hemiunu）是金字塔的建筑师。
- 金字塔现高 138 米（447.8 英尺），底座为方形，每边长 227 米（744.8 英尺）。
- 金字塔最初高 146.59 米（481 英尺），数千年来一直保持着世界人造最高建筑的纪录，直到 1311 年英国林肯大教堂建成。
- 它使用了约 230 万块石块建造，其中包括约 550 万吨石灰石和 8000 吨花岗岩。每块石块重达 2.5 吨，600 万吨石块在无现代设备的情况下是如何搬运的，一种被广泛接受的解释是，古埃及人使用由泥砖或石灰石碎片制成的坡道来运输和举升巨大的石块。
- 大部分的石灰石和花岗岩都是在吉萨本地开采，但一位名叫梅勒（Merer）的主管在 4500 年前的纸草文书（Papyrus）中详细描述：一些石头是从图拉（Tura）和阿斯旺（Aswan）等遥远地点用船运来的。这说明在古埃及，吉萨附近是有活水的，而不是现在的荒漠。
- 胡夫金字塔的内室由红色花岗岩块组成，而外部由黄色砂岩组成，且曾经被白色石灰石制成的外壳覆盖，该外壳经过高度抛光，可以反射太阳光，但现在已经自然剥蚀了。

- 我们现在看到的金字塔和沙漠颜色一致，学者们在金字塔的砖块上发现了被涂抹了红色、黄色和蓝色颜料的原始建造痕迹，因此推断金字塔可能曾经是有颜色的。
- 大金字塔周围有几座建筑物，包括几座较小的附属女王金字塔、贵族和其他家庭成员的马斯塔巴坟墓、埋葬的船只和两座寺庙。
- 岁月的流逝再加上恶劣的沙漠气候，金字塔被逐渐侵蚀，高度已有明显下降。
- 大金字塔内部有三个墓室，可以通过一条名为“大画廊”的倾斜通道以及各种走廊和竖井进入。这三个密室包括所谓的“女王密室”、国王密室和地下密室。

哈夫拉金字塔

哈夫拉金字塔（Pyramid of Khafra）位于胡夫金字塔和孟卡拉金字塔之间，非常好认，那个顶部尖尖和其他金字塔不一样的就是它。

哈夫拉金字塔

哈夫拉金字塔是继胡夫金字塔后修建的第二大金字塔，它是埃及第 4 王朝第四位法老哈夫拉的陵墓。虽然乍一看它比胡夫金字塔更大，但这只是因为它建造的位置更高，而且侧面的角度更陡，但实际体积和高度都小于胡夫金字塔。

哈夫拉名字的意思是“太阳神拉的王冠”。在胡夫和哈夫拉之间，还有过一个法老——雷吉德夫（Radjedef）。雷吉德夫将自己的坟墓选择在了吉萨北部 7 千米的阿布 – 拉阿西，但因其在位仅仅 8 年，金字塔都没建完。

哈夫拉金字塔的冷热知识

- 哈夫拉金字塔约公元前 2570 年建成。是吉萨唯一仍保留部分抛光白色石灰岩外壳的金字塔。
- 哈夫拉金字塔最初高 143.5 米（470.8 英尺），现高 136 米（446.2 英尺），有一个方形基座，每边长 215.5 米（707 英尺）。
- 金字塔在 14 世纪的一场地震中遭到破坏，结构严重损坏。
- 金字塔的内部非常简单，由两个入口组成，一个高 12 米，另一个在地面，距基座约 30 米。
- 可能遭遇盗墓。当意大利探险家兼考古学家乔瓦尼·巴蒂斯塔·贝尔佐尼（Giovanni Battista Belzoni）进入墓室时，他发现墓室是空的，打开的石棺中只剩下一些动物骨头。
- 哈夫拉金字塔总体布局和丧葬建筑群与胡夫金字塔相似，有两座寺庙和五个船坑。
- 著名的狮身人面像也是在哈夫拉统治时期建造的。由与哈夫拉金字塔本身相同的基岩雕刻而成，推断曾经有一条长堤道与金字塔相连。
- 狮身人面像被认为是哈夫拉墓葬建筑群的一部分，事实上，狮身人面像的面孔很可能是雷吉德夫根据父亲胡夫王的样貌修建的，或是哈夫拉根据自己的样貌修建的。

孟卡拉金字塔

作为吉萨金字塔群里最后一座大型金字塔，孟卡拉金字塔（Pyramid of Menkaure）位于最南端，是埃及第 4 王朝第五位法老孟卡拉为自己建造的陵墓。与自己的父亲哈夫拉和爷爷胡夫的金字塔比起来，孟卡拉金字塔体积最小。

孟卡拉金字塔

参观这座金字塔时，可以很明显地看到外观“伤痕累累”，这是当年英国探险家霍华德·韦斯（Howard Vyse）在探寻孟卡拉金字塔的入口时炸出来的。埃及考古界还用过火药爆破、挖掘的方式寻找入口，不过后来逐渐淘汰了。

孟卡拉金字塔的冷热知识

- 孟卡拉金字塔于公元前2490年至公元前2472年左右在孟卡拉法老的监督下建造，但金字塔很可能于公元前2510年左右由孟卡拉继承者谢普赛斯卡弗(Shepseskaf)带领建造完成。由于孟卡拉死得很突然，金字塔似乎是在仓促的情况下修建完成的，金字塔入口附近的一些花岗岩套管尚未完工。
- 孟卡拉金字塔最初高65.5米，但由于白色石灰石外壳的消失，几千年来不断缩小。现在高61米，底座是一个大致的正方形，尺寸约为102米x104米。
- 不知何故，金字塔的外表石有两种颜色，呈明显对比。
- 公元1197年，埃及苏丹阿齐兹·奥斯曼（Al Aziz Uthman）试图拆除孟卡拉金字塔，但最终因成本太高而放弃。金字塔北面有一个很大的豁口，是他当时拆金字塔时留下的。

1837年韦斯在金字塔的玄室内发现了一个花岗岩石棺，在运回英国的途中船沉了，石棺随之沉入海底。

吉萨金字塔群主要有胡夫金字塔——也被称为“大金字塔”、哈夫拉金字塔、孟卡拉金字塔，还有著名的狮身人面像和三座属于皇后的小型金字塔。

三座小型金字塔可能是国王的妻子卡梅伦内布蒂二世（Khamerernebty Ⅱ）的安息之地，也可能是他同父异母的妹妹谢普塞特考（Shepsetkau）的安息之地。

狮身人面像

狮身人面像与金字塔

狮身人面像一词中的“Sphinx”指的是古希腊人命名的神话形象，是神话中带翅膀的怪物。狮身人面像是埃及已知最古老的纪念性雕塑，建于公元前 2500 年左右，大概是哈夫拉统治时期（约公元前 2558—公元前 2533）雕刻的，因为建造材料与当时的一样。狮身人面像沿着东西轴线建造，面朝东方，面向初升的太阳，它也是金字塔的守护者。

在古埃及新王国时期，狮身人面像被当作神祇霍埃姆阿赫特（或地平线的荷鲁斯）来崇拜。法老图特摩斯一世和阿蒙霍特普二世后来于公元前 14 世纪修复并重建了神庙。值得一提的是新王国法老图特摩斯四世挖掘了狮身人面像的前爪，并建立了一座神殿，更用一块刻有铭文的花岗岩石板的梦碑宣告了他的王权。

狮身人面像的冷热知识

- 狮身人面像坐西向东，长 73 米（240 英尺），高 20 米（66 英尺）。靠近腰部的最宽处有 19 米。
- 狮身人面像是直接从石灰岩基岩上雕刻而成的，不同的岩层以不同的速度被侵蚀，形成了我们今天看到的水平条纹。
- 狮身人面像内部结构中开有许多通道，目前尚不清楚是谁挖掘了这些且为什么挖掘这些通道。这座庞大的雕塑体现了古埃及人的精神信仰、建筑实力和工程成就。
- 狮身人面像和许多其他古埃及纪念碑一样，曾经被石膏覆盖并被涂上红色、亮黄色和蓝色的油漆，但现在已经消失了。
- 据说，狮身人面像的脸是根据哈夫拉本人的脸设计的。如今狮身人面像已严重受损，鼻子被打断，胡须也不见了。
- 尽管有传说称狮身人面像的鼻子是被拿破仑的军队摧毁的，但丹麦海军上尉兼探险家弗雷德里克·路易斯·诺登（Frederic Louis Norden）于 1737 年创作的艺术品显示，狮身人面像的鼻子已经被打断了。

狮身人面像及埃及货币

其实狮身人面像在古埃及没落后一直被沙子湮没，到了希腊罗马时代，吉萨变成了旅游胜地，许多罗马皇帝都曾前来参观。在公元 1 世纪，狮身人面像被清理，并竖起了一座通向爪子的巨大楼梯。公元 166 年左右，狮身人面像周围的城墙得到进一步修复。但是，随着罗马帝国的衰落，狮身人面像再次被沙子吞没。

15 世纪，阿拉伯历史学家阿尔 – 马克里齐（Al–Maqrizi）有这样一段描述：1378 年，一位来自赛义德 · 苏阿达（Sa'id al–Su'ada）汗区的苏菲派穆斯林穆罕默德 · 萨伊姆 · 达尔（Muhammad Sa'im al–Dahr），他发现当地农民向狮身人面像供奉祭品以求丰收，心生不满便毁掉了狮身人面像鼻子，以破坏当地人的信仰。

尽管人们对狮身人面像的鼻子有各种猜测，但美国考古学家马克 · 莱纳（Mark Lehner）对狮身人面像进行了考古研究后，得到一个可以确定的事实结论，即狮身人面像的鼻子是在公元 3 世纪到 10 世纪之间的某个时候被人用凿子故意破坏的。

也有人认为鼻子并不是狮身人面像唯一缺失的部分，在狮身人面像最初建成后的某个时间，法老应该在仪式上为它添加了胡须，但因为后期的工程并不是核心基础设施，所以掉落了，不过也没有损害到狮身人面像整体。

另外，狮身人面像头顶有洞，许多新王国时期石碑都描绘了狮身人面像戴着王冠的样子，所以人们猜测它可能在某一段时间还头戴王冠。

我们现在看到的狮身人面像其轮廓可能已经改变了，因为 1931 年时进行过多次维修，包括对狮身人面像受损的头部使用混凝土进行修复。在 1988 年和 1990 年官方也进行了一系列的维修。

狮身人面像

工人村与寺庙

工人村（Workers’ Village），是建造吉萨金字塔的工人们居住的地方。它于 1988 年由考古学家马克 · 莱纳在吉萨墓地的东南侧发现，那里还有为工人建造的面包店和啤酒作坊。

吉萨金字塔有许多附属寺庙，包括一座山谷寺庙，是准备埋葬法老前放遗体的地方，还有一座太平间寺庙，祭司们在那里祭拜已故法老。

工人村附近

从工人村附近建筑的孔洞中看狮身人面像

大埃及博物馆，指日可待

如果说我去过的埃及最“坑”的地方，那就是噱头满满的“大埃及博物馆”。

在开罗，参观博物馆是一定不能错过的行程。坐落于开罗市区的埃及博物馆，又称埃及国家博物馆，是必打卡地，另一座大埃及博物馆也是热门。埃及博物馆是1858年创设，1902年正式开放，已经建馆百余年的经典之馆，每日访客络绎不绝；大埃及博物馆是一个全新的博物馆，号称世界最大的单一考古文明博物馆综合体，正式开放日期一改再改，预计2025年11月1日开放。

2023年上半年，我看到有人发布说大埃及博物馆已经建成，看着那些效果图，我仿佛置身古埃及世界，于是便确定了赴埃及的行程。来到吉萨后，又听说博物馆还没有正式开放，很多重要的藏品都没有入驻，仅开放的是“测试游览”。没查阅任何实际反馈攻略，我头脑一热便在官网订了门票，花了1200埃及镑。

所谓的测试游览，只开放大厅、大楼梯、商业区和外部花园，有专门的英文讲解员带队，全程45分钟至1小时，而前期宣传中噱头十足的室内布展、画廊和藏品，全部暂未开放。

我也问了民宿老板一些情况，他双手一摊说：“我甚至都不相信它能真的开放，所有的重要藏品都在老的博物馆，甚至还有的在卢克索、阿斯旺，当地的博物馆不可能轻易地就把镇馆藏品送过来。很多木乃伊前几年才在政府的协调下安置在了文明博物馆，怎么可能又搬家？每次文物借调都是大费周章，各地方政府也不配合，谁愿意把自己赚钱的展品送走？再加上运输中要注意的事项很繁复，东西弄坏了怎么办，这不是一件小事。想按照他们宣传的那样填满大埃及博物馆，你问问几个埃及人相信它真的能做到？光我知道的拟订的开放日期就已经改了5次了。”

大埃及博物馆

听民宿老板讲完，我立马写了邮件申请退票，但无果。只能硬着头皮去了。说实话，真没必要来。如果读者有意参观大埃及博物馆，至少在它完全正式开馆前，我是不推荐来的，更不推荐花钱看什么测试游览。

关于大埃及博物馆

大埃及博物馆选址于吉萨，坐落在被视为古埃及奇迹的胡夫金字塔和首都开罗之间的第一个沙漠高原的边缘，寓意为串联起埃及的过去与现在。博物馆占地约50万平方米，其地势因蜿蜒的尼罗河流经沙漠时形成了一个50米的高低落差，从而塑造出一个新的“边界”，大埃及博物馆外观的巨大石头立面也加入特别的设计，以呼应此地独特的地理位置。

按照官网的宣传口径，大埃及博物馆建筑本身就是一大看点。2003 年，世界知名建筑师事务所争相投入大埃及博物馆建设竞标，最后爱尔兰赫内汉 – 彭建筑师事务所以独到的蓝图雀屏中选，夺得大埃及博物馆的设计权。博物馆的设计亮点在于其随时间而变幻光影的大型石制立面，并且建筑设有三条呈放射状的视觉轴线，以此呼应其背景中的三座金字塔，建筑主体距胡夫金字塔仅 1.6 千米。建设工作于 2005 年开始，后经历 2011 年“阿拉伯之春”的动荡时期，因经济不稳定及旅游业受打击而停摆，2014 年在国际贷款的帮助下恢复建造。如今，博物馆的建筑主体基本落成。大埃及博物馆内设 12 个展厅，其中最大的永久性展厅面积为 2.4 万平方米，预计展出 10 万件古埃及文物。

我们到达大埃及博物馆的时候不到中午，从安检处走到博物馆入口，途经的大庭院光秃秃的，走上几步就足够把人晒蔫了。博物馆的外立面设计采用了半透明的石质立面，让室内随着日照光影而变幻视觉效果。博物馆入口处仿照金字塔设计，周围墙上的砖块满是古埃及文字。馆内庭院中央矗立着埃及法老拉美西斯二世的巨大雕塑，而门口空缺的砖块则是为了让特定时间的阳光照射在法老脸上。进入庭院后是第二个空间，通过巨大的遮阴楼梯便能够进入真正的展厅。再走上花岗岩石梯，最终可以来到能够望见金字塔的平台楼层，当然，现在楼梯没有对外开放。

据官方介绍，大埃及博物馆内藏品包括埃及第 18 王朝法老图坦卡蒙完整的系列遗迹，包括他生前穿过的服装及使用过的珠宝、战车等超 5000 件考古发现物品都是首次展出，还有从胡夫金字塔中搬出的标志性胡夫船等重要文物。

据最新消息，测试游览现在有图坦卡蒙展览秀，也就是以一个投影来回顾他的一生。街上已经有大埃及博物馆的宣传刀旗了。也许真的要正式开放了？可我也没听说在搬运文物啊，或许还需要继续观望。

另外，博物馆内的纪念品中心环境不错，可以小逛一下。还有一些餐饮可以吃吃喝喝，整体环境还算安静，毕竟没有正式开放，往来游客有限。总之，我觉得这趟来得很不值。

不过，我还是会期待大埃及博物馆完全开放的那天。

不论我们以什么方式在开罗旅行，肯定都会途经一个广场，然后会发现那里的一座粉红色的新古典主义风格的建筑，这建筑便是游客必去的埃及博物馆（Egyptian Museum Cairo，EMC）。

埃及博物馆坐落于开罗解放广场，有着全球规模最大的古埃及文物收藏，藏品数量超过 30 万件，是整个中东乃至非洲地区第一座博物馆。博物馆已经有一百多年的历史了，其本身也是一件“文物”。

埃及博物馆变迁史

Version 1 埃兹贝基亚博物馆

在埃及建立文物博物馆的想法可以追溯到 1805 年至 1848 年，当时担任埃及总督的穆罕默德·阿里·帕夏（Muhammad Ali Pasha）为了结束文物的非法走私和混乱交易，于 1835 年 8 月 15 日颁布了一项法令，禁止文物出口，并在开罗设立了第一个埃及文物博物馆。该馆最初地址是开罗阿兹巴克亚（Azbakeya）区埃兹贝基亚（El-Ezbekia）花园附近，由哈基坎·埃芬迪（Hakikan Effendi）设计，藏品由优素福·迪亚·埃芬迪（Youssef Diaa Effendi）管理，起初被称为埃兹贝基亚博物馆。

这一时期，负责埃及古迹发掘和保护的谢赫·里法阿·塔赫塔维（Sheikh Rifa' a al-Tahtawi）也下令，未经他的许可，不得再对任何古迹进行进一步的发掘，更严格禁止从埃及运出任何文物，所有发掘物都将运往埃兹贝基亚博物馆。

1851 年，阿巴斯一世（Abbas Ⅰ）统治期间，埃兹贝基亚博物馆中的藏品被转移到萨拉丁城堡内的一个大厅，只对私开放。1855 年奥地利大公马西米连诺（Archduke Maximilian of Austria）到访开罗，埃及总督将全部馆藏品赠送给他，后来，这些藏品被收藏于维也纳艺术史博物馆。

Version 2 布拉克博物馆

1858 年，总督赛义德帕夏任命法国考古学家奥古斯特·马里埃特（Auguste Mariette）担任开罗一座全新博物馆的馆长，该馆最初是位于布拉克港的尼罗河航运公司所在地的一个仓库，因此命名为布拉克博物馆。1859 年人们在底比斯的德拉·阿布·埃尔 - 纳加发现阿霍特普女王的陪葬物后，考虑到放置文物的需要，总督赛义德·帕夏拨款扩建了这座博物馆。1863 年 10 月 18 日，布拉克博物馆正式举行落成典礼。

Version 3 伊斯梅尔帕夏宫

因为越来越多的古迹被发掘，布拉克博物馆已经无法容纳更多的出土文物，故于 1869 年再次扩建。1878 年尼罗河洪水泛滥，对博物馆造成严重损坏，博物馆闭门修复，直到 1881 年才重新开放。考虑到博物馆的容纳量，以及未来发生洪水的可能性，加之 1881 年发现的皇家木乃伊藏品之珍贵，1890 年，时任布拉克博物馆馆长兼文物部主任的意大利裔法国埃及考古学家加斯顿·马斯佩罗决定将全部藏品转移到伊斯梅尔帕夏宫（Ismail Pasha Palace），即今吉萨动物园附近。

伊斯梅尔帕夏宫并不是一个很适合的博物馆选址地，尤其不适合放置雕塑。原先的文物安置完成没多久，在达尔巴赫里的古苏斯城发现了一批第 21 王朝阿蒙祭司和女祭司的棺材和木乃伊，出土文物之多、之珍贵，是伊斯梅尔帕夏宫当时的空间容量和安保水平无法承受的，因此也更加迫切需要一个更大的博物馆，同时可以在馆内设置实验室、图书馆和行政办公室等。

1893 年 3 月，公共工程部开会讨论到底是建新博物馆，还是将伊斯梅尔帕夏宫翻修扩建。伊斯梅尔帕夏宫博物馆开馆后不久，新任文物局局长雅克·德·摩根（Jacques de Morgan）就敦促埃及政府建造一座新博物馆，并举办新博物馆设计国际竞赛。

Version 4 埃及博物馆

新的博物馆选址在市中心的伊斯梅利亚广场，也就是今天的解放广场（Tahrir Square），位于尼罗河和英国卡斯尼尔（Qasr El Nil）军营之间。新建筑项目收到了 87 份设计方案，最终官方选择了法国建筑师马塞尔·杜尔农（Marcel Dourgnon）新古典主义风格的设计，红砖色建筑的灵感来源于古埃及和古希腊神庙。马赛雕塑家费迪南德·费弗尔（Ferdinand Faivre）受委托创作了两座大型雕像，立于博物馆大门两侧，分别代表上埃及和下埃及。

1897 年 4 月 1 日，埃及博物馆奠基；1900 年 5 月 7 日，第一批文物陈列放置，加斯顿·马斯佩罗负责建立和监督科学收藏管理；1902 年 11 月 15 日，埃及日报《金字塔报》报道埃及博物馆（Egyptian Museum）正式开放。新博物馆占地 10000 平方米，当时耗资约 484.5 亿埃及镑。

如今博物馆门口还竖立着奥古斯特·马里埃特的雕像，博物馆花园里还有他的墓地，以此纪念这位一生致力于埃及考古学研究的法国人，纪念他为埃及文物的保护与保存做出的不可磨灭的贡献。

开罗让我意犹未尽、流连忘返的地方，便是埃及博物馆。我在这次的埃及行程中，去了 2 次，花了两个小半天的时间，就这样还有很多东西没看完，甚至根本没顾上。

博物馆共有 2 层 106 个展厅，拥有超过 16 万件藏品，有超过 3 万件放置于地下仓库，而且藏品数量也随着考古的发掘而不断增加。这也是又修建了大埃及博物馆的原因。

中午过后我们到达博物馆，从门口就开始排队买票。听说博物馆因为设施条件和文物保护等因素没有安装空调，我们虽然已有心理准备，但当真的踏入的瞬间，身边是接踵的人群，感到闷热极了！我跑到售卖处想买一杯冰凉清爽的可乐，对方竟然开口要价 90 埃及镑，约人民币 20 元。但又能怎么办呢，只能硬着头皮买下来了。可乐喝下去的瞬间，凉意遍布全身，还是值了！

因为有了这次的经验，所以再次参观博物馆的时候，我们选择下午 4 点后过来，一是旅游团基本都已经离开了，人少且清静，二是外面的天气已经凉快下来了，室内也没有那么闷热。另外，我们还自带了凉爽的可乐。

埃及博物馆大厅

傍晚的埃及博物馆

我对博物馆内的第一印象除了热，就是满。不论大厅还是二层走廊，一进门放眼看去，东西摆得密密麻麻、满满当当。与其称之为博物馆，不如说是一座巨大的文物仓库。可能因为文物真的太多了吧，多到他们也没觉得多宝贵，很多石碑、雕像就随意地摆放着，没有任何的保护措施，游客甚至可以用手触摸；没有清理完的古物也随意地搁置在一角，连围挡都没有。这也让我联想到之前看的很多埃及古物出土时候的现场照片，陪葬品多是无序地摆放着、堆积着，很多人认为也许是下葬太过仓促，我想这也许是埃及独有的风格。

埃及博物馆镇馆之宝之一

虽然博物馆内展品众多，但大部分展品没有具体的介绍，能给个名字就已经很不错了，可以说是缺少布展的观念，但在杂乱中也能梳理出参观之序。一层按照年代顺序摆放，共有 42 间展厅，展出从古王国时期到罗马统治时期的文物。二层按照文物类别或出土地点进行陈列，分为棺木室、珠宝室、绘画室、随葬品室、莎草纸文书室等多个陈列室，展出陶器、雕塑、硬币、莎草纸、服饰、首饰、石棺等类别藏品，有 47 间展厅，招牌的图坦卡蒙展厅、木乃伊展厅也在这层。2024 年至 2025 年在上海举办的“金字塔之巅：古埃及文明大展”中的部分文物展品，精选自埃及国家博物馆。

埃及博物馆

其实我非常推荐找个讲解员，在专业解说带领下再去看这些文物，便可更深入了解文物背后的故事，以及历史背景。当然，在埃及找靠谱讲解员这事靠运气，网上推荐的专业讲解员都需要提前预约，且价格不低。而且他们大部分都讲英文，优秀的中文讲解员是少之又少。所以，在没有请讲解的情况下游埃及博物馆，我非常建议充分利用埃及博物馆的官方网站，网站上有专门的场馆和重点展品的介绍。如果是用 Chrome 浏览器，可使用其自带的翻译功能，译文基本能够满足正常理解。

埃及博物馆

必看展厅

1.Tutankhamun Galleries(1st fl)

图坦卡蒙画廊（二层）

2.Old Kingdom Rooms(Ground fl, Rooms 42, 37 & 32)

旧王国客房（二层，42、37 和 32 室）

3.Amarna Room(Ground fl, Room 3)

阿玛纳厅（二层 3 室）

4.Royal Tombs of Tanis(1st fl, Room 2)

塔尼斯皇家陵墓（二层 2 室）

5.Royal Mummy Room(1st fl, Room 56)

皇家木乃伊室（二层 56 室）

6.Graeco-Roman Mummies(1st fl, Room 14)

希腊罗马木乃伊（二层 14 室）

7.Yuya & Thuyu Rooms(1st fl, Room 43)

尤雅和图雅室（二层 43 室）

8.Ancient Egyptian Jewellery(1st fl, Room 4)

古埃及珠宝（二层 4 室）

9.Animal Mummies(1st fl, Rooms 53 & 54)

动物木乃伊（二层 53 室和 54 室）

10.Pharaonic Technology(1st fl, Room 34)

法老科技（二层 34 室）

11.Mummy Rooms at Egyptian Museum

埃及博物馆的木乃伊室

必看展品

1.Mask of Pharaoh Tutankhamun

图坦卡蒙法老面具

2.Narmer Palette

纳尔迈调色板

3.The Kaaper Statue

卡帕雕像

4.The Statue of zoser

左塞尔雕像

5.The Statue of Triad: Menkaure，Hathor and Goddess

三雕像：孟卡拉、哈索尔和女神

6.The Statue of Khafra

哈夫拉雕像

7. The Statue of Khufu

胡夫雕像

8.The Statues of Prince Rahotep and His Wife Nofret

拉霍特普王子和他的妻子诺弗雷特的雕像

9.The Colossal Statue of Amenhotep Ⅲ and Tiye

阿蒙霍特普三世和泰伊的巨大雕像

10.Funerary Masks of Yuya and Thuya

尤雅和图雅的陪葬面具

11.The Statue of Seated Scribe

抄写员坐像

12.The Gold Chest with Canopic Jars

带卡诺皮克罐子的金箱

13.The Head of Hatshepsut

哈特舍普苏的头

14.Statue of the Dwarf Seneb and His Family

矮人塞内布及其家人的雕像

15.Ancient Egyptian Jewellery

古埃及珠宝

16.King Tut's Rooms

图坦卡蒙国王展厅

17.Death Mask of Psusennes Ⅰ

普苏森尼斯死亡面具Ⅰ

在博物馆参观时给我的触动最大的就是古埃及人的审美。当然，最大的震撼还是来自图坦卡蒙展厅，从黄金面具、棺椁、盔甲，到权杖，还有日常穿戴用品和用具，无不透露着精美设计下的奢华。因展厅内不让拍照，所以其中的审美触动，必须是亲自到了现场才能体会。

图坦卡蒙展厅外玻璃罩中的法老专用黄金座椅也很值得细看。椅背上有图坦卡蒙的加冕图，金碧辉煌的色彩展示了埃及人对色彩的超强掌控能力。椅背上还有法老与王后的浮雕像，人物图案以松石、玛瑙、贝壳、珍珠镶嵌而成，整体华丽无比。座椅的正面两侧各有一个金制的狮子头，扶手为蛇首鹰身的雕像，分别代表上下埃及的王权。狮腿支撑着木制的宝座，座身贴满金箔，镶入天青石和红宝石。另一把庆典椅由乌木制成，上面镶嵌有模仿斑点皮肤的不规则形状象牙，椅子腿是鸭头的形状。靠背上装饰有宝石、琉璃陶和金叶。

图坦卡蒙项链

早在公元前4000年左右前王朝的巴达里时期，古埃及就已出现了各种简易的首饰制品，那时人已经学会将象牙雕刻成环形饰物，用贝壳制作护身符，将卵石、兽骨、红玉髓等材料打磨成细珠穿成珠链点缀在颈前。随后的几个世纪内，匠人们更是掌握了捶打、雕刻、着色、镶嵌等加工工艺，并用于制作耳饰、头冠、手镯、腰带等不同的用品，这些饰品造型精美绚丽，寓意神秘美好。精湛的金属加工工艺、缤纷绚丽的配色、富有神秘色彩的造型，使得这种风格传承数千年依然魅力不减，甚至成了新的潮流风向标。如今看来这些饰品都是时尚感满满，完全不过时。

古埃及配色

古埃及配饰

古埃及花色

所谓时尚，就是一场场轮回，当今很多高奢的设计灵感溯源依旧是古文明。1922 年，英国考古学家霍华德·卡特（Howard Carter）在几千年前的饰品中看到了令人难以置信的古典审美。古埃及饰品的几何图形和简单的金属色系及珠宝配色，给予当时欧洲设计师们强烈的启发。之后开始的新艺术运动装饰派艺术便展现出强调几何形式、棱角分明的线条的艺术特征，又结合工业文化带来了机械美学和爵士时尚手法，打造了辉煌至今的流行标杆设计，包括浪凡（LANVIN）、香奈儿（CHANEL）、迪奥（DIOR）等品牌。在博物馆逛上一圈，仔细观察一些展品便不难发现，原来时尚圈也满是“借鉴”，灵感有时便是源自古文明。

参观完金字塔的那日傍晚，我们暂别开罗，在去机场路上的高架桥上，司机指向路边一个破破烂烂的土黄色矮层建筑群说，这里是卡拉法，就是被人们熟知的“死亡城”。原本是被富人们当作高级墓宅的地方，后来被穷人们“占领”安家置户，地下住着逝者，地上住着活人。“死亡城”我早有耳闻，虽然好奇，但也只敢隔着车窗远观。

司机问我们到机场飞去哪里，我回他：“卢克索。终于可以离开开罗了，这里的交通和嘈杂让我抓狂。”司机笑了一下说：“Well, good luck!（那么，祝你好运！）”初到卢克索，天已经完全黑下来了，但一切都还很顺利。来接我们的司机也是卢克索民宿房东帮忙联系的，司机大哥一路上跟我们东聊西聊，还想找我们换一些美金。朋友再三提醒，怕有什么猫儿腻，让我不要理会，我就一直说“听不懂，我英语很差”，应付了过去。车行驶在去民宿的路上，从卢克索东岸到西岸，我对这个地方第一印象还挺好——终于在路口看到了处处是红绿灯和人行横道，城市交通也不算混乱，少了不绝于耳的鸣笛声，甚至连马路都宽了一些。

抵达民宿后发现，这是一座小院别墅，还有个小泳池。房东再三提醒我们，白天一定要紧闭门窗，我以为是治安原因，他说是因为热，还提醒我们最好不要白天去游泳，会晒

卢克索尼罗河

伤。民宿没有准备洗漱用品，于是房东派了一个十几岁的孩子穆罕默德开着摩托车载着我，在夜间小路上飞驰着去买东西，风驰电掣到吹眯了眼睛，让我有些犯困。我看着尼罗河对岸灯火通明，有点儿魂穿布达佩斯了。“好像是带着我姐姐去买东西一样。”从小店里走出来后，穆罕默德对我说。然后我娴熟地跨上他的车，大喊一声“Go”。的确，那一刻我都不相信自己是个游客了。到达卢克索的第一夜，我已经开始期待在这里探索历史古迹，享受宁静的旅行了。

而我此行的“劫数”也在我满心幻想的同时风云暗涌。

我不想再来卢克索

第一次吵架 | 在快餐店被歧视

到达卢克索的第二天，我们结束了上午的行程，将近下午2点回到市区，室外温度已接近45℃，我们便去有空调的快餐店稍事休息。就餐座位在二层，一层是点餐，大家都挤在一起，没排队，很无序。每次我想开口点餐的时候，店员都会隔过我直接先给白人下单，我想点大杯冰美式，他和我说没有，然后我指着他身后的菜单说，你认为我看不懂英文吗？这才成功点到了。

后来，我们点了两杯无糖可乐，但实际端给我们的从口感上来说像是普通可乐，因担心埃及的无糖可乐和国内的味道不一样，于是我和同伴去找店员确认。还是那个给我点餐的店员，他非常不耐烦，中间好几次打断我，示意我稍等一下，先给白人拿番茄酱、拿吸管，又开始给另一个人点餐，把我晾在一边，最后很轻蔑地示意我说一会儿送新的给我们。我也不客气，很严肃地对他说："如果你想让我们重新点单可以直说，没想到埃及也有种族歧视，奉行白人优先，服务白人是能给自己带来优越感吗？"虽然我知道自己这么说很没有礼貌，但我明显地被区别对待也是赤裸裸的现实。我们讲究礼尚往来，这让我也觉得当下我无须礼貌。

过了有一阵吧，服务员端来两杯可乐放在了我们桌上，我尝了一下觉得味道还是不对，问他确定这是无糖可乐（Diet Coke）吗？他说应该是吧，然后连忙转身走了。我和朋友对着桌子上摆着的四大杯可乐面面相觑。我身旁坐着一个埃及小姐姐，她应该是看出了我们的迷茫，主动过来问我们发生了什么。我们解释因为有血糖困扰，所以只能喝无糖可乐，但每次和店员说，他似乎给的都是有糖的普通可乐，并没有重视我们的需求，而且我刚刚还受到了歧视，我们还在犹豫是否下楼继续去吵架。小姐姐似乎比我们还生气，拿起我们桌上的两杯可乐立马起身去找店员，我也听不懂她在讲什么，但能从她很不客气的语气和急促的语速中听出她的义愤填膺。没一会儿，店员又拿着两杯可乐走来了，说："放心，这一定是无糖的。"小姐姐又宽慰我们说，埃及人不都是这样的，为我有着不好的体验感到抱歉，希望我能记住在埃及的美好。小姐姐又和我聊了一会儿，她说自己很多朋友都在学中文，她觉得很难，但想试试。走之前，她还指着我的红唇说非常好看，她很少见到亚洲人这样打扮，夸我很有自己的风格。

最后我们才发现，一通折腾下来，此刻我们桌上摆着 6 杯可乐，足以让我们喝个水饱。但我得到的经验就是，如果遇见差别对待，一定要讲出来，为自己争取利益。有些当地人下意识地觉得外国人语言不通就好欺负，那最好的解决问题的方式就是吵回去！

第二次吵架 | 言而无信又骚扰

也许是卢克索白天 43 ℃的炎热，抑或从不缺旅客让当地人有了毫不顾忌的态度，使得人们在卢克索的旅行体验极度差，随意在网上搜索，鲜少好评。

同行的朋友在网上找到了几个卢克索当地包车的联系方式，其中一个在多次沟通后，说定的价格是 500 埃及镑，包括从我们在西岸的住处往返帝王谷、女王谷、哈布城、尼罗河。可在我们参观完哈布城准备返回，给司机打电话来接我们的时候，对方突然坐地起价到 1000 埃及镑，不同意就不来接。

给我们的理由是，我们住在西岸很远，原先给我们的报价是住在东岸的钱，要是我们不想多交钱可以不坐帆船。被晒了一天，我已经很躁热了，听到他这么胡搅蛮缠，我直接吼道：“昨晚沟通价格的时候骚扰我，要约我出去喝酒，说距离我 5 分钟车程而已，现在说不知道我在西岸，简直是睁眼说瞎话，不可理喻。我们只能接受500埃及镑包车的钱，帆船也不坐了。如果你不同意，我就报警，联系大使馆，说中国游客在埃及遭受性骚扰，然后发社交媒体附上你的联系方式和头像。”对方应该是怕我们把事搞大吧，最后同意只收500埃及镑，平安地将我们送回了住处。

所以，在卢克索旅行，如果你没有报团或者租车，建议不要在社交媒体一类的渠道找“野路子”，也不要完全参考其他人的价格。最安全的就是去找正规的旅行地接社报一日团，虽然价格贵一些，但少去了来回砍价、变卦、争吵等麻烦。对游客而言，这些过程真的很影响旅行体验和心情。

另外，如果是女生出行，穿着打扮还是不要过于暴露，也不要过多地闲聊交谈。因为天热，我每天穿短裤，坐在副驾驶的时候或多或少都会被搭讪，加了Whats App也收到了很多骚扰信息，不要理会就好，这些不是什么所谓的友善，而是无聊。

第三次吵架 | 贼船难防坐地起价

离开卢克索的那天，本来是和民宿介绍的人提前说好了来接我们去机场，200埃及镑。我们左等右等，已经超出约定时间很久他都没有来，打电话过去，就说涨价到300埃及镑。我们没有妥协，直接拒绝。然后一行人拖着大行李箱出门，打算先去西岸的码头搭船到东岸，然后再找车去机场。

到达西岸边，考虑到我们都有大件行李，就决定找个私家船，前一天晚上我们从东岸回西岸也是搭的私家船，费用是10埃及镑一人。开口问价格，好几个船夫凑过来说80埃及镑一人，他们都是一伙的，我们摇手走开。突然来了个船夫，拿着我的箱子就要上船，说三个人 200 埃及镑，这种强买强卖的方式让人恼火，我连忙抢回箱子说不坐。他们开始急了，几个人围拢了上来，想要推搡我们上船。我站在岸边把行李箱一扔，开始大声嚷嚷：“昨天我们就 10 埃及镑一个人，官方船票就 1.5 埃及镑，今天你们开口就要 80 埃及镑，你们是强盗吗？以为我们不知道多少钱吗？”几个埃及人看到我张牙舞爪骂骂咧咧，就散去了，没再纠缠。

最后，我们找了 30 埃及镑一人的船，船夫一直强调他和别人不一样，他讲诚信，上船的时候，还主动帮我们拿箱子。可是船行驶到尼罗河中间的时候，船夫开始说要 50 埃及镑，因为我们行李箱很沉，他的船负重增加，而且帮我们拿箱子我们也要付费。我们再一次“上了贼船”被坐地起价，真是防不胜防。

我们不同意，开始据理力争。我们咬死不同意多给钱，最后船夫直接把船停在了距岸边特别远的位置，于是在 40 多摄氏度的直晒下，我们拖着行李箱横跨八九条船，摇摇晃晃地上了岸。我整个人又热又生气，站在岸边对着船夫扯着脖子嚷。现在想来，我当时在路人眼里就是一个疯子吧。但说真的，那一刻我无法克制自己的情绪，所有的不满、委屈、厌恶全部爆发。

说到船费，其实卢克索是有城市东西岸渡轮的，上船前买票一定要看清楚票价，以免被坑。

第四次吵架 | 疯女人们，我比你更疯

在飞机起飞前 2 小时我们终于到了卢克索机场，以为即将结束这炼狱般的城市体验，没想到办理完登机手续，一看飞机实际预计起飞时间竟然比订票信息上的要早 40 分钟！从来只听过飞机晚点，没听过提前飞！我们火速奔到安检处一看，男女各一列分开安检，女性安检就一个通道，队伍长得望不到头。因为没有类似经验，在排了十几分钟看到安检队伍龟速前进后，为了不误机，我只能硬着头皮拉着朋友往前“插队”，一路走一路给大家看我们票上的起飞时间，嘴里不停念着“Sorry! Thank you!”。大部分人还是很友好的，主动让我们排在她们前面，还跟她们同伴解释让我们再往前站。

终于“挪”到了接近安检口的位置，前面是一个讲西班牙语的中老年旅游团，起初已经有几个阿姨年纪的人同意让我们站在她们前面了，但不知道从哪出来一个战斗力十足的大妈，强烈反对我们提前安检突然勒住我的包奋力把我往后拽，包带滑到我的脖子上，勒得我有些窒息，险些摔倒。我解释我的飞机即将起飞，给她看我的票，她不接受，我说，那好，我可以站在你的后面排队，她也不同意，开始拉着她周围的人大声起哄，对我们指指点点骂骂咧咧，甚至开始推搡我。我心一横，反正谁也不认识谁，直接把我的包放到安检机器上，她抢过我的包扔在地上，我捡起来继续放，她推我，我就故意站不稳倒她身上挡回去，我们也因此纠缠在了一起。没有任何一个机场工作人员出来维持秩序，在一团混乱中，我最终带着小伙伴挤

到安检口。只记得我身后一个穿黑衣服的小姐姐理解我们，让我们站在她前面，说不要理会那帮人，让我们得以在登机时间前到达了登机口。整个安检过程，我只觉得自己像个疯女人一样。

经历过入关安检，我像被掏空一般瘫坐在登机口的椅子上，紧绷的神经终于放松下来，开始梳理我已经被抓飞的马尾。如果有人用相机拍下当时的我，我相信我的眼神一定是迷茫又疲惫的。这是我迄今为止旅途中最荒诞的体验，回想起只觉得可笑、无可奈何和无助。

我们的飞机最终也没有按照票上的时间登机起飞，机场广播反反复复通知说我们的航班登机口改变、起飞晚点等，没有确切消息，引来一堆人涌向登机口柜台质问到底几时飞。大家看着彼此各种耸肩、摇头，痛斥机场的无序。大概又过了一个多小时，我们飞往沙姆沙伊赫的航班终于开始登机、起飞。

后来听一个长年在非洲出差的朋友说，在埃及飞机装满人提前起飞，又或是所有人登机了临时通知取消，这些都太正常不过了，这不是他们有意或无意，而是他们就这么随意。

尼罗河畔卢克索神庙

东岸为生，西岸为亡

在开罗以南 700 千米，尼罗河西岸岸边 7 千米，与卢克索等现代化城市隔河相望的一大片沙漠地带，就是古代埃及都城底比斯的所在地。而沿底比斯卫城北端陡峭的环山公路盘旋而上，就到了如今的帝王谷。

帝王谷

在古埃及人心中，尼罗河是他们的社会世界观中心。他们从河流起源向南参照自己的方向，太阳升起的东岸是出生的一方，即东岸为生，神庙及居民以及有关生机的喧闹嘈杂都在卢克索城镇河的东岸；而太阳落下的西岸是死亡的一方，即西岸为亡，所有古埃及的金字塔、帝王谷等与墓葬、死亡、祭祀有关的一切则静静地坐落在西岸已数千年。

帝王谷

帝王谷，在古埃及法老的语言中，是非常复杂的一串象形文字，大概意思就是“生命、力量、健康，底比斯西部数百万年的法老的伟大而宏伟的墓地”。

追溯历史，似乎谁也说不清帝王谷的来龙去脉。比较可靠的说法是图特摩斯一世有感于先人的陵寝大都不免遭受盗墓人的侵害，于是决定把自己的陵墓同殡葬礼堂分开，这在埃及法老中是没有先例的。他命手下的建筑师伊涅尼（Ineni，他最出名的建设项目是这一时期的卡纳克神庙）在底比斯山西麓隐蔽的断崖下，在那石灰岩壁上开凿了一条坡度很陡峭的隧道作为墓穴，并将遗体（木乃伊）放在那里。

由伊涅尼监造的这座 KV20 被目前学术界公认为是帝王谷的第一座陵墓。对于帝王谷的选址，身为建筑主管的他在自己坟墓中留下记载其生平的碑文中这样写道：“I saw to the excavation of the rock–tomb of his majesty, alone, no one seeing, no one hearing.（国王的长眠之所是我一个人监修的，无人窥其真容，无人有所耳闻。）”

在帝王谷也找到了一座和发掘出的第 18 王朝陵墓样式都不一样的 KV39，有人推断帝王谷的第一座陵墓应该是这里，即阿蒙霍特普一世墓，但这个推断始终没有得到佐证。

无论如何，自古埃及新王国（公元前 16 世纪—公元前 11 世纪）时期起，至后面的数百年间，法老们就不断地在这个山谷里，沿用这种方式构筑自己的岩穴陵墓。这些岩穴陵墓群所在之地被后人称为“帝王谷”，它涵盖了新王国的第 18、第 19 和第 20 王朝三个王朝的法老陵墓。

初入帝王谷

因为想要避开大部队旅行团，我们便早早包车出发。伴着老桑塔纳的尾气和一路行驶扬起的沙砾，驱车大约十分钟后，绿油油的耕作物逐渐消失，顺着破旧颠簸的柏油路向前望去，我们正驶入一片土黄色的石灰岩峡谷中，无际、干旱、荒无人烟，是我对这一路的最初观感。

地处高原的帝王谷实际上包含两个山谷，主要由石灰岩地层组成，大约在 3500 万年—5600 万年前形成，其中间断层包含伊斯纳页岩（也称为蒙脱石）地层。帝王谷的石灰岩既有极其精细和结构完好的，如 KV57，也有几米开外地质就变得破碎和脆弱的，如 KV11。通常，当一个坟墓被建造时，它会穿过几个不同质量的石灰岩地层，这也大大影响了坟墓的建造计划，比如 KV20，它的特点就是很长很弯，是因为施工的时候突然碰到了凿不开的岩壁，才临时改方案的。也有墓室修在了不稳的伊斯纳页岩上，当页岩与水分接触时，就会膨胀，从而导致山坡的部分地区彻底破裂，对坟墓造成了破坏，比如 KV7、KV13、KV17 和 KV20 。

石灰岩中还嵌入了许多燧石，这种材料非常坚硬，被古埃及人用来制造他们挖掘用的石器。许多燧石碎片散落在帝王谷的山坡上，并嵌入基岩中，经过百万年后，它们因暴露在空气和阳光下而获得了黑色的光泽。当然，考古学家也知道遇见燧石的地方不需要挖掘，因为质地太硬无法开凿墓室。

当我真正抵达帝王谷，看着那荒秃的山坳中如同矿石开采基地一样存在的地方，想到我的脚下就是古埃及帝王们的陵墓，那一瞬间，我突然对英国古埃及学学者戴维·罗尔（David M. Rohl）在他书中描写的那段话感同身受："这个非同一般的地方总令我着迷。我曾经花了很多时间一路风尘地在这片类似于火星景象的不毛之地上漫游，冥思苦想着我的脚下究竟有什么东西。"古埃及人的智慧和技术，选择在此地造墓，真的是绝啊。不难想象开凿如此巨大的工程，对于当时古埃及人来说是多么劳民伤财之举。

帝王谷，永无安宁

虽然古埃及帝王们选择在环境如此恶劣的地方开凿墓室，但是因为随葬的宝贝太多，参与的工匠也众多，还是走漏了风声，帝王谷并没有保持它的神秘，长期遭到盗墓者的盗挖。

公元前 332 年，马其顿大帝亚历山大征服埃及，结束了近 3000 年的法老埃及统治时代，开始了马其顿 – 希腊统治时代。直至公元前 30 年被罗马人征服为止，希腊人在埃及的统治维持了 300 年之久。古希腊几位名学者都有去过帝王谷的记载，实地考古发掘中也找到了不同语言的涂鸦，从腓尼基文到希腊文皆有，可见在那个时代，帝王谷已闻名于世。

公元 639 年阿拉伯人入侵埃及，并于 642 年攻占开罗。从此，埃及成为伊斯兰世界的一部分，几乎与欧洲斩断了所有联系。由于不断的暴乱、瘟疫、饥荒，该地区的社会经济水平持续走低，埃及如同消失在历史中一样，缩在地中海的一隅，被混乱和悲惨笼罩。与此同时，由于自然环境的巨变，直到 19 世纪之前，从开罗前往底比斯变得越发困难和昂贵，帝王谷也被淹没在历史的洪流中，无人问津。

1722 年，耶稣会传教士克劳德·西卡尔（Claude Sicard）注意到卡纳克神庙和卢克索周围的巨大废墟并将其标记为古代底比斯。他于 1726 年终于来到了帝王谷，成为近现代有记录的最早访客。甚至在他来到之前，没有人知道底比斯的所在，人们知道它在尼罗河沿岸的位置，但经常与孟菲斯及其他城市混淆。

1737 年至 1738 年，首位到达埃及的丹麦海军指挥官兼探险家弗雷德里克·诺登（Frederic Norden）沿着尼罗河航行，一路上他在船上绘制了首份描绘尼罗河谷整体的详细地图。在沿尼罗河逆流而上航行时，他遇到了一位来自英国的探险家理查德·波科克（Richard Pococke），并根据他们在埃及的见闻绘制了古埃及地图，两人对尼罗河流域和主要城市的绘制极其精确，最终于 1743 年出版了第一张帝王谷的地图。

1798 年 8 月 20 日—22 日，在拿破仑的推动下，仿照法兰西学院的埃及学会（Institut d’Egypte）在开罗成立。学会的主要目标是为埃及“带来光明”，换言之，传播进步与文化，支持科研，并发表关于古代和现代埃及的历史，包括其自然、工业、历史和传统等领域。学会的第一批 12 名成员均是选自不同领域的专家学者，法国数学家加斯帕尔 · 蒙日（Gaspard Monge）被选为首任院长，并共同撰写《埃及记述》（*Description de L'Égypte*）。

1799 年，拿破仑远征埃及，随军的法国艺术家德农男爵，即多明尼克 · 韦冯（Dominique Vivant），绘制了帝王谷陵墓的地图及平面图，并第一次记录了西谷（West Valley）这个地方，阿蒙霍特普三世的陵墓（WV22）就是在当地发现的。合共 24 册的《埃及记述》中有两册介绍了底比斯附近的地区。

拿破仑远征埃及后，欧洲又开启新一波的埃及学狂潮，考古学者们纷纷前来，其中包括破解了古埃及象形文字的法国埃及学家、语言学家让 – 弗朗索瓦 · 商博良（Jean–François Champollion），他剥下的塞提一世墓室（KV17）内墙上的壁画，如今仍存放于卢浮宫。当然，他的研究也推动了当时对底比斯附近地区的历史研究。越来越多的人在 19 世纪来到底比斯，或参观，或研究，或发掘，或非法盗运，同时也把一些技术和经验注入了帝王谷的保护工作中。直到 19 世纪末，英法考古学家们基本把所有知道名字的法老墓葬都发掘出来了，帝王谷不再神秘。

为了更好地区分这些不同位置的陵寝，1827 年，约翰 · 加德纳 · 威尔金逊（John Gardiner Wilkinson）获委派为每个陵墓的入口绘画，为各陵墓定下编号，这些编号由 KV1 至 KV21。KV 即 Kings Valley 的缩写，WV 就是西谷 West Valley 的缩写，沿用至今。从对帝王谷进行系统性的学术发掘到现在，帝王谷内已经发掘出了不同历史时期共 65 处位置隐秘的法老陵寝，即 KV 的 61 处陵寝和 WV 的 4 处陵寝，分布在帝王谷的东谷和西谷内。

相对于生命世界的尼罗河东岸，西岸依然是死亡的彼岸。在那日落之地，荒芜干燥的山谷之上筑起的被古埃及人称为“永恒之家”的帝王谷，法老们费尽财力人力为自己修建墓室，精心保存自己的肉身，以为踏上了永生之途，却万万想不到，从古至今都是热门之地，被无数人到访叨扰。

当我置身帝王谷之中，看着所有的墓室口前排起的长队，墓室下摩肩接踵的游客，耳边充斥着各种语言的讲解之声，我不禁感叹：“法老们，你们‘永世不得安宁’啊！”

帝王谷，触摸历史

帝王谷的售票处和入口并不在一个地方，司机带我们买完票，又开了好一阵才到达了陵墓所在的山谷。检票后有较长一段路才到帝王谷核心区，可以选择坐小巴（往返每人 20 埃及镑）或者步行前往。此时气温已达 40℃，烈日炎炎下连棵树都没有，热气从脚下蒸腾而上，太阳的炙烤从天而降，偶尔扬起的风沙和燥热的天气，纷纷涌入的嘈杂的游客，让我的心情也非常躁动。门票包含的和额外收费的墓室，任由同行的朋友决定组合，我只想赶紧下到墓室中逃离暴晒。

以往我在国内参观陵墓，下到地宫的时候都能感受到些许凉爽甚至阴冷，但帝王谷完全不同。可能是因为建在山谷，厚实的墙体难以透气，越是下到冗长的墓室越是憋闷炎热。有几次我从墓室里爬坡往出入口返回时，都有一种要中暑的感觉，甚至感觉到呼吸急促，浑身闷湿，大汗淋漓，需要不停地喝水。同行的朋友也有几次

在帝王谷触摸历史

从墓中出来后需要找阴凉地方赶紧坐下缓缓。说实话，在如此的自然条件下，哪怕是想在墓室里再多看点儿，也真的没耐心一个个仔细逛、认真看了。

常规开放的陵墓

帝王谷内墓室编号并不是完全按照顺时针或逆时针顺序排列，所以非常建议提前做好功课，合理安排参观顺序，不然在门口排队和大太阳下奔走也是非常消耗体力的。我们的参观顺序是额外收费的 KV9—KV62—KV17 和常规开放的 KV34—KV16—KV2。可能是因为先看了额外收费的 3 个陵墓，其规模和精美程度足以让我们大饱眼福，所以等到去了常规开放的陵墓，我们有些走马观花。

KV34

KV34，图特摩斯三世陵墓，这是一个非常特别的墓室，与其他陵墓丰富精美的壁画相比，这里的可以称之为“抽风派”画风。前厅的墙壁上装饰着《来世之书》（*Amduat*）中741个神和半神的名单，作为山谷中最早被绘制的坟墓，壁画的一笔一画用各色油漆勾勒在浅黄色的墙壁上，像巨大版本的陪葬莎草纸草稿，就像小时候看的平面连环画一样，全是火柴人！我更加好奇，古埃及的技术为什么可以让壁画保存如此好，只是因为气候足够干燥吗？

KV16

KV16，拉美西斯一世陵墓，虽然规模很小，壁画却值得一看，墓室中的壁画采用了特殊的蓝灰色背景，是与其他陵墓相较最大的特色。首次在坟墓中发现象征太阳神的凯布利（Khepri）圣甲虫首；化身为公羊首的太阳神拉（Ra）乘坐由保护蛇迈罕（Mehen）守护的三桅帆船，在夜晚穿越冥界，当再返回东方，太阳神拉将会重生，开启新的一天；冥界的12女神代表冥界12小时，巨蛇（Apep）为混沌的化身，是太阳神的死对头；鹰头神荷鲁斯、胡狼头的死者守护神阿努比斯与中间法老拉美西斯一世比出哈努赞颂的手势，代表赋予法老统治上下埃及的权力。

KV2，拉美西斯四世陵墓，与第20王朝的其他陵墓一样，

KV2 沿直线轴线布局，雕刻几乎完整无缺，刻的铭文包括《拉之连祷》《洞穴之书》《亡灵书》《阴间书》《天堂之书》及《地狱之书》。红色花岗岩石棺长 3.5 米，石棺上的蓝色天花板有一幅美妙的努特（Nut）女神形象，它是唯一包含《努特之书》文本的坟墓，上面描述了努特所走过的道路。KV2 墓室内鹅黄奶白配色，比那些用黑金或者深色装饰的陵墓要明快一些，比起国内那种用青砖堆砌的阴森的古墓，没那么压抑和让人后背发凉。

由于 KV2 靠近山谷入口，陵墓入口几乎与地面齐平，直到 20 世纪初，该墓一直被游客用作休息站，墓内墙面上有各种文字的涂鸦，大致意思是“到此一游”，甚至还发现了绘上的科普特圣徒和十字架，因而推测古时亚历山大科普特正教会的教徒也经常来到墓穴中，甚至将此作为短暂落脚住所。

KV2 的墓室天花板是努特女神的天空，非常意外的是，我之前到过的英格兰距苏格兰边界最近的城市卡莱尔（Carlisle），大教堂里同样是蓝色星空穹顶。看到的解释是顶部的涂有星星的天花板经常作为大教堂或基督教教堂的装饰主题出现，是由于基督教、犹太教和伊斯兰教信仰中星星的象征性联想，此外，还与占星术有关。我不确定两者之间是否有联系，但看到这两个景象而产生了联想，让我觉得非常有趣和惊喜。

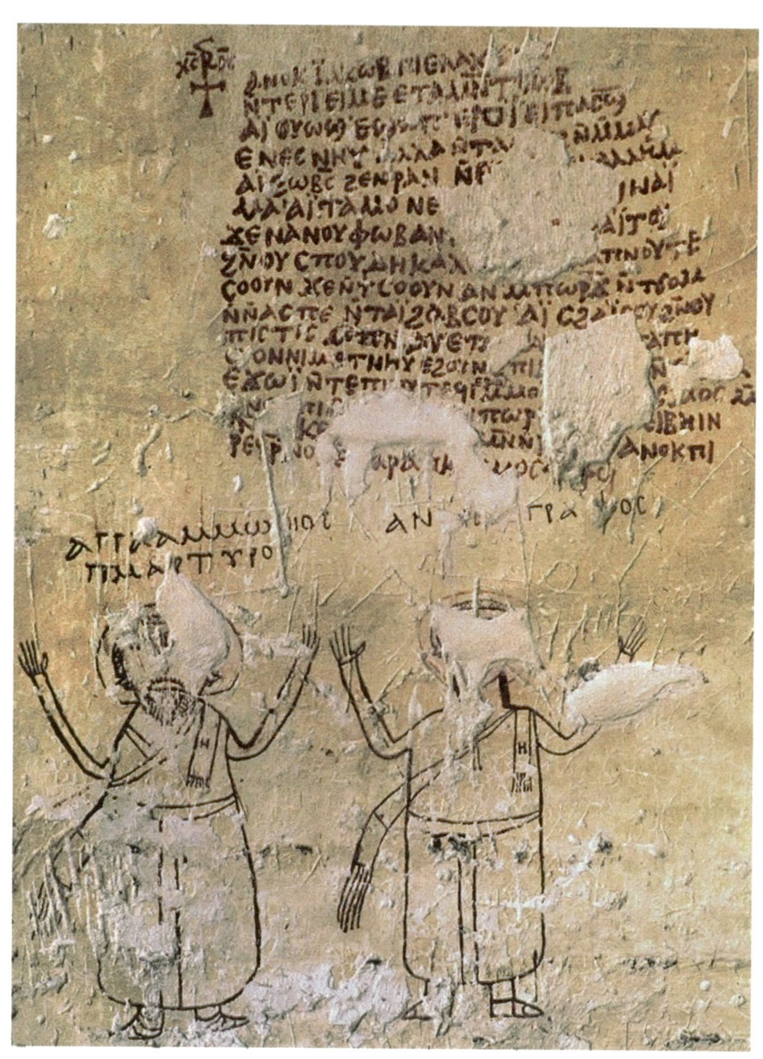

KV2

触摸历史

身在埃及的卢克索帝王谷，面对那些精美又色彩鲜艳的壁画，我的脑海中无数次闪过中国的敦煌莫高窟。同样的荒漠之上，漫天黄土之下，寸草不生之地，记载着数千年的文化精粹，不论是壁画还是雕刻，都向后人们诉说着遥远的历史。

如今向游客开放的帝王谷，参观时的随意让我意外。游客可以伸手触摸那些壁画，可以肆无忌惮地开闪光灯拍照。虽然官方说考虑到二氧化碳排放会影响壁画保护，每一拨参观的人有时间限制，但工作人员依旧会为了一些小费而通融，连他们自己都没有心疼那些斑驳的墙面和脱落的壁画吧。尽管仍在开展的修复工作有着先进技术加持，可无论如何我们都无法用现在的材料和方法补全数千年前古埃及人的信仰和神往。我很赞同一些学者的观点，认为不存在所谓修旧如旧，而是能不多做的就不多做，能用原始材料的就用原始材料，能保护的就保护。帝王谷的保护工作从我这个游客视角而言，我无法认同。

站在闷热的陵墓之中，汗水已经将我浸透，我甚至希望自己可以因为太热而产生幻觉，魂穿这一座座墓室建造的年代，我心中有太多的好奇等待着解答：他们是否绘制图纸？他们是否会根据不同的陪葬文本而分组绘画？他们是否有工作流水线？那些雕刻精美、线条流畅的壁画是否有像印章一样的模具做好了印上去？如此庞大的人力工程，他们用什么样的器具？……传说古埃及法老死后，会顺着尼罗河航行，化身为太阳神，驶向新生。而我，却想逆着尼罗河而行，让水流带我回溯过去，得以读懂古埃及人绘制的图腾。

在卢克索，我跨越时间的鸿沟，于此刻触摸历史。

触摸历史

触摸历史

触摸历史

小遗憾

KV11 其实是我最想参观的陵墓之一，但因为修缮暂停了开放，所以此行还是有些遗憾。我对这个墓室做了一番功课，希望下次有机会可以“眼见为实”。从平面图来看，拉美西斯三世的陵墓 KV11 呈一长条笔直形，墓室由一条倾斜的入口通道、一条下降的中央走廊、一个柱廊和一个墓室组成，入口两侧有两个牛头壁柱。它的前三条走廊是第 20 王朝建立者塞塔克特修建的，但在挖掘第四条走廊时，它与被废黜法老阿门麦斯（Amenmesse）的早期坟墓 KV10 重合，因此被废弃。拉美西斯三世不想浪费已经投入挖掘的资源，因此恢复了废弃坟墓的挖掘工作，将轴线重新向右对齐并延伸了走廊，原本做好的塞塔克特的花饰后来被涂改并刻上拉美西斯三世的名字。

坟墓里完好地保存着彩色浮雕场景，前两条走廊描绘了拉神的 74 种显现。拉美西斯三世在第二条走廊上增加了侧边的小壁龛，其中一个壁龛浮雕有两个盲人竖琴师。1768 年，詹姆斯·布鲁斯（James Bruce）是第一位进入这座坟墓的欧洲人，他被两个盲人竖琴手的彩绘震撼，将该墓称为“Tomb of the Harpers（竖琴手之墓）”。

第四条走廊是陪葬文本《来世之书》中的场景，描绘了一位戴着下埃及红王冠的女神，站在一条四足人头的守护蛇面前。故事讲述了太阳神拉－霍拉赫提（Ra–Horakhty）的夜间航行，太阳从西边落下、从东边再次升起，他穿越了地狱。在古埃及人看来，地下世界被分为夜晚的 12 个小时，每个小时代表法老或太阳神要遇到的不同盟友和敌人。这里的图像和象征意义非常精彩。

拉美西斯三世的石棺现藏于法国巴黎的卢浮宫，其精致的棺盖现藏于英国剑桥的菲茨威廉博物馆（Fitzwilliam Museum），而他的木乃伊在代尔巴赫里被发现，现藏于开罗的埃及博物馆。此木乃伊是 20 世纪 30 年代电影《木乃伊》中鲍里斯·卡洛夫（Boris Karloff）所扮演角色的原型。

我认为仅用一次就参观完帝王谷是不够的，那么多的墓室，那么多的壁画，各有各的精彩，仅凭各种参观攻略来判断去哪个墓室更好，过于片面。但参观季节的选择也确实非常影响实际体验，如果冬季来温度适宜，可以沉浸式观赏。

参观建议：如果是自行参观，没有导游，墓室门口会有牌子，写着这个墓谁发现的，特点是哪些；有导游的，导游可以提供基本解说。

今日的帝王谷内已经发掘出不同历史时期共65处位置隐秘的法老陵寝，埋葬着60多位埃及法老，但并不是所有的墓室都对外开放。我去的时候，帝王谷常规门票600埃及镑，在可以开放的8—10个普通墓室中选3个参观，普通墓室会不定期更替，另外开放的3个墓室需要额外购票。2023年10月，已开放的普通墓室有KV2、KV6、KV8、KV14、KV15、KV16、KV34、KV47，额外收费的墓室有KV9、KV17、KV62。成年人不做选择题，我们买了常规门票去了KV34、KV16、KV2，加上3个额外收费的墓室，一共去了6个。

我必须要说，额外收费的墓室贵有贵的道理，一定不要因为舍不得花钱而错过！

KV9 拉美西斯五世、六世

KV9是我在帝王谷参观的第一个陵墓，我依稀记得刚踏进去的时候，我的那种惊讶以及感到的惊艳。在国内参观墓室几乎都是黑乎乎的，很压抑，但帝王谷完全不同，柔黄色的灯光将深长的墓室甬道照亮，身旁依稀可辨的壁画讲述着墓主的历程。

KV9 的壁画

拉美西斯五世在位时间非常短，虽然他的陵墓 KV9 在他在位时（约公元前 1147—公元前 1143）就开始紧锣密鼓地建造，但根据都灵莎草纸（Turin papyrus）的记载，在拉美西斯五世统治的时间里，埃及似乎发生了内乱。因为害怕“敌人”的入侵，在代尔麦地那工作的造墓工匠们都停止工作，不敢出门，这影响了陵墓的建造速度。他在位的第五年，死于天花，陵墓还没有造完，人就没了。

他的叔叔拉美西斯六世继位，在他统治时期的埃及整体是衰落的，不仅领土剥离，物价也接连不断上涨，加之权力动荡，祭司集团干预财政，他也越来越难筹集资金为自己建造陵墓，于是就霸占了拉美西斯五世的 KV9，并扩建成自己的墓室（约公元前 1143—公元前 1136）。

两位法老的木乃伊都发现于 KV9，拉美西斯五世的木乃伊是拉美西斯六世统治第二年的时候才被放入的，他的木乃伊很消瘦，因为感染了天花，脸上有很多痘坑。拉美西斯六世木乃伊的头骨四分五裂，几乎很难认出原样，应该是有人相当憎恨他而故意破坏的。

虽然 KV9 墓室建造时埃及已经不再强大，建造资金并不充裕，但依旧未影响它的精美。KV9 拥有最宽敞的走廊、最长的通道，总长 117 米。坟墓以涂漆的浮雕装饰，包括入口门廊上覆盖的《门之书》和《洞穴之书》，这些一直延伸到井室中部，并添加了《天堂之书》。靠近墓室的墙壁上装饰着《来世之书》的摘录。

墓室壁画保存相对完整，尤其是顶部画了两个人头蛇尾的女神，展示的是天空女神努特。这幅黑金壁画将《日之书》和《夜之书》框起来，描绘了天空女神吞下落日，又在早晨生下了它。她巨大的赤裸的身体被星星覆盖，形成一个高耸于地面的拱门。她的弓着的背清晰地代表了天空和星体的力量。她的裸体代表着灵魂的纯净。覆盖着她的星星象征着复兴，是耀眼明亮的伟大之光，展示出古埃及人对日出日落的想象力。

KV9

墓室房间的墙壁上挂满了拉美西斯六世与各种神灵的精美绘像，以及《大地之书》中的场景，展示了太阳神穿过夜晚，在诸神的帮助下，冲破黑暗力量的阻挡抵达黎明。房间墙壁底部周围绘制跪着的太阳神敌人的斩首雕像，以及将斩首尸体倒置的黑色刽子手，来展现敌人的无助。

KV62 图坦卡蒙

世界上最知名的帝王谷陵墓之一，其故事远比墓室本身精彩。到了 19 世纪末期，英法考古学家们基本把所有知道名字的法老墓葬都已经发掘出来，而在帝王谷工作多年的英国考古学家霍华德·卡特根据年表认为，帝王谷的法老墓葬中少了一个墓。据埃及史料记载，图坦卡蒙大约 9 岁登基，18 岁至 19 岁猝死。曾经辅佐过他的宰相阿依继承了王位，并隆重地安葬了他。卡特认为图坦卡蒙法老埋葬在帝王谷但是并没被发现的观点，遭到很多人嘲笑，但他坚信自己的考证是正确的。一位美国富翁相信卡特的说法，并向埃及政府申请获得了发掘权。他组织人力在帝王谷发掘了 5 年，曾发现了印有“图坦卡蒙”字样的陶杯、金叶和装有写着图坦卡蒙名字的亚麻布的陶瓶。这些东西都是在一个小墓坑中发现的，不过始终没有发现陵墓的真正所在。考虑到发掘资金花费过巨，富翁最终决定放弃。

随后，英国科学家卡纳冯勋爵（Lord Carnarvon）决定继续寻找和发掘图坦卡蒙陵墓。他聘请博学多识的卡特主持这项发掘工作。开始，卡特选定了帝王谷三座法老陵墓之间的一块约 1 万平方米的三角地带作为发掘目标，但从 1917 年到 1921 年，经过两次大发掘，并无真正的收获。因为经费不足，勋爵曾经向卡特提出停止挖掘的要求，但卡特的一片热忱打动了他。考虑到帝王谷已经被掘地三尺了，卡特大胆假设法老墓可能有重叠，他将发掘目标转移到了美国富翁放弃的墓坑附近，也就是拉美西斯五世、六世陵墓。1922 年 11 月 4 日，当发掘人员拆除了一座地面上的建陵工人的工房时，突然发现了凿在岩石上的石阶。11 月 5 日，卡特沿着石阶清理下去，发现了其余的台阶和一座封闭的墓门。从墓门上的封戳判断，这是一座王室的陵墓。卡特致函卡纳冯勋爵立即前往埃及与他会合，11 月 26 日，他们终于找到了图坦卡蒙的封戳，这个“神秘”的陵墓被找到了。

图坦卡蒙（约公元前 1341—公元前 1323）是阿蒙霍特普四世的儿子。他爹在位期间搞宗教改革，想把神去“人格化”，改推图腾式的太阳神“阿吞神”。9 岁继位的图坦卡蒙原名图坦哈吞（Tutankhaten，意为“阿吞在世上的形象”），他拒绝了这个名字，将自己重新命名为图坦卡蒙（Tutankhamun，意为“阿蒙在世上的形象”），改回信“阿蒙神”。

图坦卡蒙的陵墓建造完成后，两度遭到盗墓，大概在霍朗赫布时期又被封印。他的陵墓虽然不如前人的华丽，但是一直没有被人发现。这其中除一连串的幸运与巧合外，当时监造陵墓的司库玛雅（Maya）有着很大的功劳。在玛雅重新封印图坦卡蒙的陵墓后，这位法老就在帝王谷的群山中躺了 3300 年。第 20 王朝拉美西斯六世修建陵墓时，造墓工人所居住的小屋还正好阻挡了陵墓的入口，成了一个完美的陵墓入口掩护，使得图坦卡蒙的坟墓成为山谷中“最不起眼”的坟墓之一，被找到时完好无损。墓葬中出土了大量的意义重大的文物，图坦卡蒙陵墓的发现被誉为“20 世纪最伟大的考古发现”。

卡特用“美妙的东西”来形容图坦卡蒙陵墓里出土的文物，四个房间里堆满了服饰、珠宝、家具、雕像、战车、乐器、武器、盒子、罐子和食物，5000 余件堆积紧密的文物，所有迹象表明这个墓室建造得相当仓促，埋葬方式也很敷衍，这可能是因为图坦卡蒙死得突然。图坦卡蒙英年早逝，他去世时的状况无人知晓，死因至今成谜。也正因为下葬匆忙，他墓室的壁画都还没干，留下了千年的黑色霉斑。

图坦卡蒙陵墓里发现的宝物太多，光是图坦卡蒙身上佩戴的护身符和装饰品就达 150 多件，卡特花了 10 年时间才把它们全部整理、分类、记录好。终身未娶的卡特在埃及这片土地上奉献出了自己的全部，他曾说：“希望在学术的研究完成到一个阶段时，法老可以安眠于他自己的墓中。”如今，图坦卡蒙墓室中大部分宝藏在开罗的埃及博物馆，包括图坦卡蒙木乃伊身上的金面罩，外面两层 100 多千克的纯金棺椁。少数藏品在卢克索博物馆，但图坦卡蒙的木乃伊放在镀金的木棺里，他的石棺还在原处，出于保护的目的已被玻璃罩上，也算是圆了卡特的梦吧。

图坦卡蒙的墓室并不大，墓室墙壁上呈现了《来世之书》中的一个场景：法老在诸神面前，那是他和诸神面签的过程，以黄金为背景。石棺脚端的墙壁展示了法老葬礼的场景；对面的墙上有《来世之书》中的 12 只蹲姿猿猴，代表夜晚的 12 个小时。在进入来世时，国王必须记住 12 只猴子的名字，为了帮助他记忆，这些名字用象形文字写在墓室的墙上。我们在墓室中看到的另一个象征是圣甲虫，人们认为它能从第一缕阳光中获取能量。它是复活的象征，即死而复生，也是永恒的象征。壁画上，圣甲虫将卵产在尸体上，代表“死即是新生”。

KV62

放置在墓室角落玻璃罩里的图坦卡蒙的木乃伊可以随意参观。这具木乃伊虽然只有头部没有被包裹，但可以看出他的骨架非常瘦小。结合我所了解的历史，躺在这里的图坦卡蒙在我眼里甚至就是个“孩子”。与埃及文明博物馆皇家木乃伊展厅中清一色黑色调以及不许拍照的严格管理相比，图坦卡蒙墓室看管人员见我非常仔细地在看木乃伊，特地打开了手机的手电放在玻璃罩外，这样可以把法老的脸照得格外清晰。当然，这项令人唏嘘的“服务”在我离开时，是要付小费的。对于他们而言，也许赚上一顿午饭钱更现实吧。

KV62

墓室前厅旁还有个小隐室，是2006年发现的，里面出土了5口棺木，其中之一绘制有女性面容。一种新的观点认为，这座坟墓最初可能属于纳芙蒂蒂王后，即图坦卡蒙的继母。只是现在不对外开放。

世间盛传的图坦卡蒙的诅咒，即墓室一块牌匾上写着“谁扰乱了这位法老的安宁，死神之翼将在他头上降临”。但这其实是当时的标题党新闻。事实上，在参观时我并没有发现任何诅咒的字样。

KV17 塞提一世

KV17是帝王谷所有墓葬中最长和最深的，在墓室的下方还有一条往下延伸的秘密通道，让陵墓的总长度达到了137米。这是第一个用完整的宗教文本设计装饰的陵墓，也是帝王谷中最精美的陵墓。

塞提一世（约公元前1294—前1279年在位）是第19王朝的第二位国王，是拉美西斯一世的继承者，也是拉美西斯二世的父亲。在经历了阿蒙霍特普四世时代的混乱之后，塞提一世的统治使古埃及进入了黄金时代。他擅长搞建筑，大兴土木，从他在位期间所建的阿拜多斯的神庙、卡纳克神庙大柱厅和他的陵墓中的风格可以看到这一点。

塞提一世陵墓于1817年由乔瓦尼·贝尔佐尼打开，因此KV17也通常被称为“贝尔佐尼坟墓”。但塞提一世的木乃伊则是在被称为皇家墓城的DB320里发现的，虽然木乃伊被“斩首”，身体也被盗墓贼破坏得乱七八糟，但是塞提一世的面部是所有法老里保存最完整的。

KV17

KV17 由 7 个走廊和 10 个墓室组成，是帝王谷第一座经过全面装饰的陵墓。陵墓内大量优雅的绘画场景和彩绘浮雕观赏性极强，非常具有塞提一世统治时期的艺术风格和高精品质。墓室内的陪葬文本有太阳神拉的赞歌《拉的连祷文》，有《亡灵书》《来世之书》《门之书》《神牛之书》，有装饰他墓室天花板模拟夜空的华丽天文场景，以及塞提一世和诸神的各种随葬文字，目的是确保他成功通向来世。

在建筑上，塞提一世的陵墓具有他那个时代的“交错轴”类型特征，也是第一座拥有拱形天花板墓室的坟墓。整个墓道和墓室的空间非常立体，轴线之上屋屋相连。进入墓室开始，便是一路下坡深入地下，据信，这是为了将塞提一世的坟墓与地下世界的原始和再生力量联系起来。

KV17 也是后期破坏较为严重的一座陵墓，在墓室被打开后，仅一年就因雨水泛滥导致墓室被淹，岩石膨胀收缩及石膏松动，大块墙板和天花板掉落。尽管考古研究者及时清理并试图抢救修复，但裂缝再次出现，墙壁的状况持续恶化。后来，破译象形文字的商博良还刮掉了一些墙壁装饰带走，这引来争相模仿，比如墓室中展示塞提与哈索尔的两幅彩绘浮雕现藏于巴黎卢浮宫和佛罗伦萨考古博物馆。加之早期游

KV17

客参观时使用蜡烛和火把，烟雾熏黑了墙壁，在浮雕上留下烟灰沉积物，使得墓室遭到人为破坏，很多彩绘浮雕曾经鲜艳的颜色已经模糊不清。

KV17

从帝王谷离开时，我已经被晒蔫了，我们上车前往哈特舍普苏神庙（Mortuary Temple of Hatshepsut）。到达后看见门口排起的长队，和又是毫无蔽日的环境，烈日当空的中午，我们毫不犹豫地放弃了这个景点，出发前往王后谷（Valley of the Queens）。

王后谷

和帝王谷一样，王后谷也是坐落于山坳之中，顾名思义主要是安葬王后的地方，也埋了一些皇室成员和贵族。在王后谷建造的第一座坟墓是雅赫摩斯（Ahmose）公主的坟墓，她是国王塞格嫩拉（Seqenenre）和王后西杰胡蒂（Sitdjehuti）的女儿，年代很可能是图特摩斯一世国王在位之时，王后谷也正是这一时期开始建造的陵墓（公元前 1292—公元前 1075）。1904 年，王后谷被世人发现。现今发掘的陵墓有 80 多座，实际开放的就几个，它们都属于新王国第 19 王朝至第 20 王朝。

对于很多观光客来说，王后谷最吸引人的就是它最著名的纳菲尔塔利陵墓（QV66）。拉美西斯二世，古埃及最著名的法老，最杰出的建筑家，最伟大的领导者，他以骁勇善战著称，又以兴建土木而闻名于世。在他统治的 67 年里，埃及空前繁盛。拉美西斯二世，共娶了 8 位王后，生育了 100 多个子女，而纳菲尔塔利是他最爱的王后，也是他最得力的贤内助。在修建 QV66 时候，拉美西斯二世也是不遗余力，因而 QV66 被称为最美、最华丽的陵墓。

QV66 门票高达 1600 埃及镑，是否值得购票参观，仁者见仁吧。我们直奔主题地去了。QV66 的陵墓距离售票处也就 250 米左右，门口提示为了保护文物，必须按人数分组下墓，且只能参观 10 分钟。当然，如果你愿意付一些小费给“守墓”的工作人员，也可以得到额外的时间和更多拍照权。

从入口下到墓室需要走一段台阶，墓室并不大，里面依旧非常闷热，如蒸桑拿，但墙面上丰富的壁画足以将我拉到神奇的世界。墓室内及其装饰品质极高，保护完好，栩栩如生。整个天花板都漆成深蓝色，并饰有看起来像“大”字的黄色星星；几乎每个立面都装饰有色彩鲜艳的壁画，这些壁画“立”在底部黑色墙裙之上，由红色和赭石色带与墙壁上的场景隔开，像一幅白纸上的连环画卷般徐徐展开。

由于 QV66 是王后的陵墓，所以壁画区别于帝王，上面的文字选择受到了一定的限制，没有日常生活场景，更多的是描述纳菲尔塔利从青年到老年的美丽，以及取材自《死亡之书》的各种祭祀和庆祝活动，还有动物和神灵，描绘了通往天堂去到来世之路。壁画中显示，纳菲尔塔利有许多称谓，其中包括“他的爱人”“上下埃及的女主人”“伟大的王室妻子”“甜蜜的爱人”“受穆特女神眷顾者”“优雅的贵妇人”“公牛的妻子”“神的妻子”“国王的母亲”。我们通过这些“爱的宣言”也足以看出拉美西斯二世对她的宠爱。

王后谷

秀恩爱

王后的眼泪

让我印象最深的是纳菲尔塔利的美貌，壁画中的她总是以身着轻柔的白色衣袍的形象出现，清晰的面容，尤其是眼睛的形状、面颊的红晕和眉毛，无不展示着她的柔美和优雅。如果仔细看的话，还能看到她佩戴的不同珠宝、耳环、王冠等，格外精美。我还看到了哭泣的纳菲尔塔利，几滴眼泪画得真切，表达着对国王的挚爱。

王后谷精美的壁画

QV66墓室内光线充足，但又不会太亮而影响参观体验，这里也是王后谷开放陵墓中唯一没有安装玻璃隔墙的墓室，游客进到这里可以近距离观赏壁画。我惊叹于每一寸壁画的生动的描绘和色彩，很难想象它们已是数千年前的“杰作”。当我站在墓室内，我很能理解那些质疑的声音，说古埃及文明是近代创造用来骗钱的项目，毕竟对比起我们上千年的石窟和壁画，铅华已去、光彩不再，终究难以保留完整性，还有彩色兵马俑在出土后没多久就氧化掉色，那为什么更久远的古埃及壁画可以保留如此完好？

古埃及的调色盘

古埃及人喜欢用鲜艳的色彩来装饰房屋、花园、宫殿和陵墓，用这些“艺术”表达对众神赐予他们一切的感谢。然而使用什么颜色并不是随机的，每一种颜色对于埃及人来说都有非常具象的象征意义，比如阿蒙霍特普三世的宫殿，外墙用白色，内部用黄色、蓝色和绿色装饰，这都来自他自己的调色盘。

颜色被认为是所有艺术表现形式的组成部分，包括壁画、雕像、珠宝和陪葬品，不同的物品搭配特定的颜色来传达某种意义，比如用于说明众神的轮回、天堂、来世。如果看多了古埃及壁画会发现，男性总是用红棕色的皮肤来体现他们在户外“征战”，女性因为长时间在室内生活则是黄色和白色混合的肤色。众神通常以金色肤色示人，青绿肤色多是代表死亡的灵魂。

古埃及的色彩都取自于自然，有6种主要颜色：绿色、红色、蓝色、黄色、白色和黑色。不同的颜色混合出不同的饱和度进行使用，并各有用途，象征着不同的文化含义。

古埃及色彩

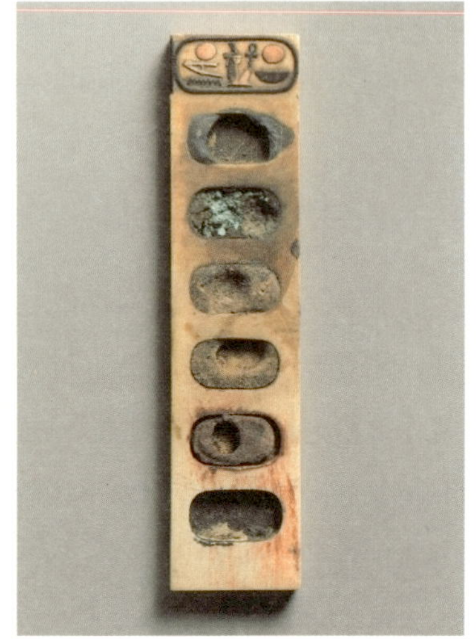

古埃及调色盘

红色由氧化铁和红赭石制成，用于创造肤色，象征着生命，但也象征着邪恶和毁灭。红色与火和血联系在一起，因此象征着活力和能量，但也可以用来强调某种危险或定义破坏性的神。它也通常被视为象征生命或更高的存在（如对拉之眼的描绘）或下埃及红王冠的崇高地位。

蓝色是最流行的颜色之一，通常被称为“埃及蓝”，由铜和铁的氧化物以及二氧化硅和钙制成，象征着生育、诞生、重生和生命，通常用来描绘水、生命和天空。蓝色也象征着保护，保护神贝斯的生育护身符通常是蓝色的，女性在下腹部、背部和大腿上多文有贝斯的文身或菱形图案。人们认为这些文身是护身符，可以保护怀孕和分娩期间的妇女。

黄色最初由赭石和氧化物制成，但新王国（约公元前1570—公元前1069）开始，加入了三硫化二砷，用来象征表现太阳和永恒。黄色使用时被加深，以表示神的金色肤色，或被白色淡化以暗示人物或物体的纯洁或某些神圣的方面。

红色

黄色

绿色由铜矿物、孔雀石混合而来，象征着善良、成长、生命、来世和复活。埃及的来世被称为“芦苇地”，在某些时代也被称为“孔雀石地”，并且总是与绿色联系在一起。在早期的坟墓绘画中，死者的灵魂被绘制为白色，但后来被绘制为绿色，以将死者与永恒的奥西里斯（Osiris）联系起来。

白色，由粉笔与石膏混合制成，通常用作其他色调的增亮剂，象征着纯洁、神圣、清洁和清澈。白色是埃及服装的颜色，因此与日常生活联系在一起，但也经常用于艺术作品中，象征着生活的超然本质。祭司总是穿着白色的衣服，寺庙的侍者和参加节日或仪式的寺庙工作人员也总是穿着白色的衣服。

黑色，由木炭、水和燃烧的动物骨头混合制成，象征着死亡、黑暗、地狱以及生命、诞生和复活。尽管黑色与死亡相关，但它没有邪恶的含义（红色代表邪恶），并且在来世的描述中经常与绿色一起出现，或者代替绿色出现。

白色

这六大颜色经常被混合、稀释或以其他方式组合以创造出紫色、粉色、青色、金色、银色和其他色调。古埃及艺术家们从来不认为矿物质天然颜料的混合会带来色彩限制，他们凭借自身想象力和创作力来构思讲述故事时所要使用的色彩搭配，当然，他们把自己的审美能力多归为“天赋”。

正因为古埃及的大部分颜料取自无机矿物，比起有机颜料性质更加稳定，外加许多墓葬处于干燥沙漠，低湿度和缺乏水分的环境有助于保存鲜艳的颜色，让这些文物在几千年后仍能保持色彩的鲜艳。当然，斑驳脱落也并非不存在，帝王谷和王后谷开放的陵墓有限，也是因为很多都遭到了破坏正在修复中，包括我们如今看到的这些陵墓也都是在不断地上色、修护中。

我所在的纳菲尔塔利墓在发现时壁画灰泥成片脱落，表面满是污垢和浮尘。埃及古文物组织（Egyptian Antiquities Organization，EAO）与盖蒂保护研究所（Getty Conservation Institute）于 1986 年首次建立合作伙伴关系，到 1992 年联手对其进行抢救性保护。自 1995 年以来，由于担心过度参观对古物造成的不良影响，墓室限定参观者数量及开放时间。

色彩的保存

哈布城，满墙的断掌，是古埃及的暴力美学？

如果你问我，卢克索地上的神庙和地下的陵墓，我更喜欢哪一个？两者都去过的我会毫不犹豫地回答：神庙。原因绝对不是什么那里的壁画更美，场地更宏伟，而是地面通风，石柱下有阴影，在炎热的卢克索，神庙给人的体验感更加友好，仅此而已。无论如何，选择 10 月来卢克索旅行，真的是“战略”上的错误。热，我都说累了。

我们的车在王后谷门口扬土而来，炙热的光照和地表的高温，让浮土在空气中像冬日壁炉噼啪烧柴时晃颤的热氲。在上车的前一秒，我机智地到身旁的小卖店买了一瓶 1.5L 冻得瓷实的矿泉水，它成了之后我在哈布城的救星！

被低估的景区

哈布城，位于尼罗河的西岸，背靠底比斯山脉，在王后谷东南方向。卢克索及沿途有很多神庙，但哈布城之所以被称为城，是因为这里确实是一个复合功能的建筑群，其中有寺庙、储藏室、作坊、行政建筑、宫殿以及牧师和官员的住所；尼罗河东岸为生，西岸为亡，这里当然还有墓室。古埃及时期它一直是底比斯的经济社会中心。甚至到公元 9 世纪时，这个地区仍是居民区，人们习惯称其为哈布城，很确切。

在埃及，地下看陵墓，地上看庙宇。在卢克索众多依旧保留古埃及壁画的遗迹中，哈布城是色彩、壁画都保存得最为完好的地上建筑，也是法老时代最后一座大型的建筑。哈布城非常“幸运”，它长期淹没于淤泥沉沙之中，直到 1859 年才被发掘出来，因此其内部结构保存尚好。

虽然卢克索神庙被列为埃及十大著名神庙之一，可卢克索有太多名震四海的遗迹了，帝王谷、卡纳克神庙……它们的光辉遮住了哈布城。如果是跟着旅行团，恐怕多数人会错过这里，我只能说错过哈布城那会是在卢克索旅行最大的遗憾。

哈布城的城门

哈布城

哈布城是有史以来埃及第二大的古庙，占地6.6万平方米，南北宽200米，东西长320米。建于新王国时期，由第20王朝第二位法老拉美西斯三世（公元前1183—公元前1153），大约于公元前1160年建造。城内遗址中最古老的建筑是一座第11王朝（公元前2134—公元前1991）的小神殿（目前仅剩地基），后来由哈特舍普苏和图特摩斯三世扩建，以纪念造物主阿蒙神和埃及中王国创世神话中的8位神祇。直到托勒密王朝（Ptolemaic Dynasty），一系列的统治者都对它进行了补充和修改，才有了如今看到的规模。哈布城的规模仅次于卡纳克神庙，它是法老统治时期的最后一座大型建筑工程，完成于古埃及最后一段富饶时期。

哈布这个名字的起源至今没有最终定论，有一种假设是Habu一词是古埃及语中所指的朱鹮（朱鹭），即ibis，被视为圣鸟，在哈布城附近的Qasr El-Aguz有一座小神庙中有供奉。Habu一词也有可能源自Hapu，因为附近有阿蒙霍特普三世时期的天才建筑师，建筑总管大人哈普之子阿蒙霍特普（Amenhotep, son of Hapu）的祭祀神庙，哈普之子阿蒙霍特普在古埃及是鲁班一样存在的人物，是古埃及历史上被升格为神的平民。

从城本身功能上来看是多元的，首先哈布城据说是底比斯的守护神阿蒙神第一次出现的地方，所以这里祭祀阿蒙神为主神。拉美西斯三世是古埃及新王朝时期最后一位伟大的“战士法老”，他改编军队，使用外族雇佣兵，阻止利比亚、努比亚人和海上民族的入侵，武功赫赫。他命人将自己在战场上战胜敌人入侵的场景刻为了哈布城的浮雕画。

此外，哈布城也有它的防御作用，它在冲突时期被用来保护底比斯西部居民，并作为代尔麦地那妇女村的中心。哈布城也是公元9世纪科普特基督徒的一座有城墙和防御工事的城镇。所以当我站在远处高点俯瞰哈布城，仅从外观来说，让我想起了嘉峪关，都是在荒漠之中有御敌之功的城池。

哈布城的立柱

满墙可见的战功赫赫

哈布城是我埃及之旅中进入的一个“神庙”类的景点，在连续看了帝王谷和王后谷后，我其实对看壁画已经没有太大兴趣了，觉得大差不差讲的都是那些东西。但直到来了哈布城，我才意识到，地上和地下刻画的世界是如此不同。如果说古埃及地下讲述的都是死亡、度灵魂、众神、审判、重生，那地上就是赤裸裸的炫耀今生成就与向天祈愿。

哈布城检票处后便是入口处的两座城门，最外面的称为“Migdol（塔）”，仿照拉美西斯三世在叙利亚军事行动中看到的城堡而建，是具有叙利亚古堡式风格，高达27米，称之为叙利亚门（Syrian Gate）。跨度有三个楼层的塔门跟四周耸立的城墙一起把哈布城神殿祭庙裹得严严实实，门上装饰和雕刻着许多战斗场景，在城门外侧左边的浮雕彰显拉美西斯三世战无不胜，他杀得努比亚人一败涂地；右边则是盛赞拉美西斯三世西征，他的军队打得叙利亚士兵魂飞魄散。

走过城门便进入第一塔门（First Pylon），塔门两侧的浮雕是一大看点。左侧是拉美西斯三世，他戴着白色王冠（Hedjet），代表上埃及（当今埃及南部），他将抓到的俘虏敬献给阿蒙神；右侧是戴红色王冠（Deshret），代表下埃及（当今埃及北部）的拉美西斯三世在太阳神拉的庇护下西征叙利亚。两顶王冠宣告了他统一埃及全境。在两边的浮雕中可以看到，拉美西斯三世把敌人穿成一串握在手里，脚下是成排的跪姿俘虏与名字，以祈求阿蒙神赐给法老神力。

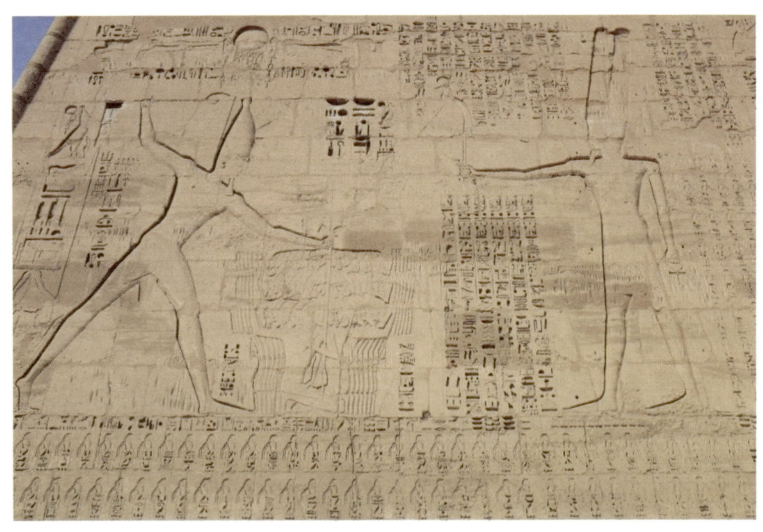

城墙上的浮雕

断掌和“丁丁”，古埃及的“暴力美学”

在第一塔门门后，便是第一庭院（First Court），右侧浮雕：拉美西斯三世正在征服利比亚人，奔马、战车，浩浩荡荡的阵势，拉弓射箭，战马下的重重叠影，无不彰显他的英勇气概。

左侧浮雕让我印象最深刻，展现的是一个恐怖又独特的场景：拉美西斯三世打败叙利亚人带回俘虏的手和未受割礼的男性生殖器，以及抄写员通过被砍下的手掌和生殖器来统计敌人数量。其实这样的画面在哈布城内并不鲜见。很多浮雕都刻画着士兵们拎着麻袋和篮子，里面装满了断掌或“丁丁”，准备献给兴高采烈的法老，或者是胜利后法老站在阳台上，不远处是他敌人们被割下的成堆的“丁丁”和断掌。

满墙暴力

断掌

人类的手，在亚里士多德口中叫作“工具的工具”，被康德视为“大脑的可见部分”，已知最早的艺术作品就是洞穴墙壁上的手印。纵观历史，手势象征着人类体验：权力、温情、创造、冲突、欢欣鼓舞……而古埃及的断掌传统来自喜克索人，他们于公元前 16 世纪进入埃及东部并在那里建立了第 15 王朝和第 16 王朝。从那时候起，便流行一种叫“勇气之金”（Gold of Valor）的习俗，即砍下敌方战斗人员的手作为战利品。这种仪式似乎已成为古埃及军队的标准做法，士兵们从战场归来，将被击败敌人的右手献给法老或将领。奥地利科学院考古学家曼弗雷德·比塔克（Manfred Bietak）认为，砍手是计算被杀敌人数量的稳妥方法，也让死去的敌人无法在冥界里对埃及“动手”。由此，也诞生了一个新生词——断掌（severed hand）。《撒母耳记》中也提及了此类计数方法。

中国古代也有类似的做法，馘（guó）本义：古代战争割取敌人的左耳，用以计数报功。馘，军战断耳也。《春秋》曰：以为俘馘。为什么不是右耳，答曰典籍并无对此的特定解释说一定是以左为尊或是怎样，因此并无特别的含义在里面，可能就是当时主政者的一个规定，原来可能只是割耳，但是为了防止有人割两耳以充数，才定的是左耳，左并无特定的意思。

而砍掉“丁丁”的原因是，古埃及人都是受过割礼的，而外族人没有。因此割下没有受过割礼的“丁丁”，一方面是可以准确地算出杀掉了多少敌人去邀赏，同时也防止杀掉自己人来充数。这让我想到了先秦以前的五刑中的剕刑和男子宫刑，前者是断足，后者是“割丁”。我惊讶于无论是什么文明，有时都如此相似。

第一庭院的右侧有 7 根方柱，每根柱正面都是法老的站立像，双手交叉在胸前本为冥王奥西里斯专有的姿态，后为古埃及包括拉美西斯二世和拉美西斯三世等在内的历代法老广泛效仿。这些立像大部分损毁严重，不过柱前法老站立像膝旁站立的他的王后和儿女，倒是基本完好。

方柱

左侧是法老王宫（Pharaoh's palace）遗址，后三间为后宫。第一宫和法老王宫之间有一扇窗，称为“露面之窗”（Window of Appearances），法老可以通过它向他的臣民展示自己。这里的所有柱子、内墙也刻满了浮雕，内容依旧是英勇的拉美西斯三世在众神面前处置俘虏。

紧接其后的是第二塔门（Second Pylon），浮雕依旧是记录和歌颂善战的拉美西斯三世，无处不在彰显他在众神的帮助下所向披靡的英雄气概。他把战场上缴获的俘虏献祭给头戴双羽冠的阿蒙神的妻子穆特女神，法老身后是用绳子牵着的无数战俘，包括撒丁人（Sardinians）、腓力斯丁人（Philistines）、克里特岛人（Cretan）、小亚细亚人等海上民族。

墙上的浮雕

墙上的浮雕

彩绘与残存浮雕

第二塔门的彩绘远比第一塔门好，不论是天花板上的秃鹫或神鹰、穹顶的正片的色彩，还是戴着蓝色帽子代表正在出战的法老，都色彩鲜明，搭配上湛蓝的天空，宛如一幅优美画，娓娓地讲述那段鲜活的历史。而且，墙壁凹雕部分更加深和重，可以看出拉美西斯三世想要万古扬名的野心。

天花板

立柱及天花板

立柱

小鸟

我在墙面凹槽的地方，看见了一只已经夭亡的小麻雀，它孤零零地倒在这满壁刻画的深深浅浅的浮雕之中，好似与这里融为一体，我仿佛能穿到那墙壁里，感受它们拥有的生命。

第二塔门后的第二庭院，又称“节庆院”（Courtyard of the Feasts），也是一个开放式的庭院，庭院内的浮雕大多数再现了古埃及宗教庆典、历史事件、庆祝节日等场景。两旁排列着拉美西斯三世巨大的雕像，该庭院曾被改建为基督教教堂，如今雕像基本已毁坏了，残存些许立像。

第二庭院再往里走就是列柱大厅，据说它被公元前 27 年的一次大地震破坏，屋顶和 8 根中央廊柱早已不复存在。如今保留下来的 24 根柱基，排列成 4 行，每行 6 柱。中殿有两排柱子，每排 4 根，比其他 16 根柱子的体积要大得多，遵循了常规大厅的多柱规则和搭建形式，屋顶由柱子支撑。柱基雕刻各种浮雕，上面刻满了象形文字和用作香料的没药树（Myrrh）、象征“下埃及”的纸莎草、代表“上埃及”的莲花等传统饰纹以及护卫着法老的旋涡印记名号等。

大厅的墙壁浮雕描绘了拉美西斯三世在各种神灵面前的情景。大厅两侧各有厢房，右边密室存放金银珠宝；左边祭庙供奉着神化的太阳神三世、创世神（Ptah）、冥神以及象征富饶的鳄鱼神索贝克（Sobek），靠着底比斯三柱神（Theban Triad）由石柱构成的大厅左侧就是太阳神三世的墓室，此外，还有一些列柱大厅、祈祷室或供奉小室。当然，现在能介绍给我们的这一切大都是根据柱基留下的浮雕图案经考古学家推测出来的。

哈布城的浮雕非常丰富，我无法在有限的篇幅里一一展现。如果仔细去看，还可以看见法老薅对方头发杀敌、国王与王后神交、法老手持大烟袋样式的香炉向神明敬香、穿着短褶裙夹脚拖的人、献祭头骨、古埃及运动会、拟人化的生命之匙，以及各种动物，包括狒狒、牧牛等。在哈布城内的一些地方，我们看到了一些涂鸦，有的是希腊语，其中约翰·戈登（John Gordon）在1804年留下的标记，如今也成了“古迹”。

我们大约用了2小时参观完整座哈布城，一开始我买的那瓶被冻瓷实的矿泉水，早已融化喝进肚中。我慢慢走出哈布城，已是下午晚些时候，光线柔和地照射在那些黄色的石柱上，似乎泛着奶油色，空气依旧炎热，但也柔和了许多。说实话，在没来哈布城前，我无法想象一座几乎是在全部面积上做浮雕来讲述“故事”的城。哪怕是北京的故宫，城墙也仅仅是城墙，可以做装饰的就是屋檐、城门；立柱就是立柱，顶多柱头和柱座有些雕刻；又或者是英国切斯特的古城墙也仅仅是防御用的砖墙，毫无雕饰。哈布城的工程之复杂和庞大，远超过了我原有的认知。

我在游客几乎散去而变得更加空旷的列柱大厅，想象着拉美西斯三世。当他站在崭新且庞大的城中，看着身边浮雕记录的赫赫功绩，群臣左呼右唤伴侧，以王之胜者姿态俯视全城时，他是否坚信自己已获得神之青睐，是天地之间的主宰，无可匹敌，威风永驻？

哈布城

残存雕刻

神庙的意义

在古埃及，宗教作为一种重要的文化现象，是其文明发展的主要根源，并发挥着特殊的作用。源于史前时代的宗教信仰渗入古埃及人日常生活的方方面面，从圣甲虫护身符到夏勃悌（Shawabtis）塑像，从石刻铭文到莎草纸文献，从金字塔到神庙，都反映出他们是笃信多神的民族。

民间传说，在萨卡拉设计建造了最古老的阶梯式金字塔，成为古埃及最早的建筑工程师，被奉为神圣的伊姆霍特普（Imhotep）曾写了一本建造神庙的书，他升天后，将这本书也带到了神界。之后他又希望这本书能在人间发挥作用，于是将之扔下凡间，给人们建造神庙设定了蓝本。

随着古王国（公元前2686—公元前2181）的消亡，金字塔这种基于对法老个人崇拜的建筑形式逐渐淡出，取而代之的是对神化的法老的崇拜。古埃及人认为，法老是戴王冠的人间之神，能与神交流，是拥有神权的统治者，是神在人间的代理人。而他们也认为，众神在人间是有居所的。阿蒙，这个源自底比斯的神祇，法老将他的名字与太阳神拉结合，尊为众神之神，为了得到神的眷顾，古埃及人都热衷于给太阳神拉建造气势恢宏的太阳庙，这样的庙宇被称为“拉”的地平线。在古埃及早期王朝的神庙中，有一个碑文这样写道：“古埃及的统治者，不是人类，他是永生的太阳神拉。”石碑也刻着太阳神拉乘坐散发着五颜六色光芒的翼蝶飞到天空并回返的故事。

除宗教意义外，神庙也是当地经济活动的中心。神庙控制着大片土地，这些土地由农民在神庙祭司的监督下耕种。这些土地上的农产品，包括小麦、大麦和蔬菜等农作物，被用来供养神庙和居住在那里的祭司和女祭司。除此之外，神庙在埃及与境内外进行的贸易中扮演重要角色。神庙拥有自己的船只和贸易网络，使他们能够进口贵金属、香料等异域商品。这些物品不仅用于宗教仪式,也作为贵重商品为寺庙带来财富和繁荣。

古埃及神庙的结构设计和建造堪称工程奇迹。建筑师对细节一丝不苟，注重将建筑物与天体对齐，并将象征性元素融入设计中。神庙通常面向东方，主入口面向尼罗河。埃及境内尼罗河的最南端到最北端，现存 22 座古代神庙，规模最大的古埃及神庙建筑是位于底比斯，今日的卢克索南端、尼罗河东岸的阿蒙神庙，也就是今天的卡纳克神庙。

卡纳克神庙

不论以什么方式来卢克索旅行的人，都不会错过卡纳克神庙。这里太经典，太难以超越。今天我们所看到的卡纳克神庙是在中王国第 12 王朝塞索斯特里斯一世（Sesostris Ⅰ，公元前 1971—公元前 1926 年在位，又译辛努塞尔特一世）的圣殿基础上发展并逐步完善，经新王国第 18 王朝、第 19 王朝图特摩斯一世、阿蒙霍特普三世、塞提一世、拉美西斯二世等法老扩建而成，几乎每一位法老都在神庙留下了建筑印记。

卡纳克神庙群是法老们献给底比斯三神的庙宇建筑群。底比斯三神即太阳神阿蒙（神庙最主要献礼的，占地约有 0.3 平方千米）、自然神穆特（阿蒙之妻）和月亮神孔苏（khonsu，阿蒙与穆特之子）。建筑群规模宏大，全部用巨石修建。神庙内有大小 20 余座神殿、134 根巨型石柱、狮身公羊石像等古迹，它不仅外表雄伟、宏大，内部建筑物及铭文、壁画、浮雕等，折射出当时宗教、神学、艺术、历史、战争、民族等内容，仅壁画、浮雕就多达 5000 余幅，雕像多达 8 万件，可以称得上是一座露天博物馆，也足以证明那时的古埃及帝国王权稳固、政治稳定、经济繁荣，是真正的黄金时代。

神庙看点

公羊大道

走进神庙要通过一个长长的神道，即斯芬克司大道（Avenue of Sphinxes）也称为公羊大道（Rams Road），由哈特舍普苏女王首创，大道长 2.7 千米，与南面 3 千米处的卢克索神庙相接。公羊大道也是几经沙土湮没、地震损坏等的岁月“沉浮”，历时 70 年的修复，于 2021 年 11 月正式开放，大道两旁共有 1057 座雕像，其中 807 座为狮身人面像，250 座为公羊头雕像。

古埃及人认为，公羊是阿蒙的化身，传说阿蒙神早上是公羊形象，中午变为圣甲虫，晚上是人形。每座像狮两爪之间站立的都是著名的拉美西斯二世，他双手交叉于胸前，手持生命之钥，象征着法老受太阳神的保护。

卡纳克神庙公羊大道

卡纳克神庙的雕像

塔门和门墙

公羊大道尽头便是进入神庙的第一塔门，宽 129 米、高 43

米，建于托勒密时期，一直没完工，可以看出其粗糙的构建，是名副其实的古埃及烂尾楼。塔门是古代埃及神庙最具特色的部分之一，是两座类似塔楼的建筑物，故中文译为“塔门”。中王国时期（约公元前2040—公元前1786），塔门多用砖石砌成，慢慢形成了统一样式：由对称的东、西两个塔楼和中间连接的天桥组成，象征东西方地平线，是太阳神每天的必经之地。卡纳克神庙共有10道塔门，第一至第六塔门在东西轴线上，第三、第四塔门之间的中央庭院南面建筑物，自此向南延伸，形成南北轴线，第七至第十塔门在这一轴线上。

穿过第一塔门便来到了整个卡纳克神庙建筑面积最广阔的一片区域——大庭院。庭院宽100米，长82米。庭院如今依然保留下两处建筑：一是大庭院入口左侧的塞提二世神庙（Chapels of Seti Ⅱ），二是东南角的拉美西斯三世神庙（Temple of Ramesses Ⅲ）。和哈布城一样，这些神庙墙上的浮雕，也无处不在地展示着法老们的英勇善战和功绩赫赫，如塞提一世远征叙利亚与赫梯帝国，还有出征巴勒斯坦；他征服亚美尼亚人、沙苏人，对抗亚述人，在与赫梯人交战的战役中拽着被俘之人的头发拖回家献给拉神等。

第七到第十塔门都位于阿蒙神庙的南轴线上，沿途能看到图特摩斯三世的雕像等一些残缺的石雕。墙上雕刻有图特摩斯三世的战果：数百名国王被描绘成双手绑在背后，盾牌上戴着头巾。而被他打败的国王的名字被刻在椭圆形圈内，称为王名圈。

还有一面墙，记录了第22王朝法老舍顺克一世（Sheshonk Ⅰ）（公元前945—公元前924）于公元前925年入侵以色列和犹太，抢走了耶路撒冷圣殿中的宝藏。（《圣经》从犹太人的角度记录了这次袭击。）舍顺克似乎正要杀死一排惊慌的囚犯，后面是一长串城市名单，每个城市一个人，如 Taanach、Beth-Shean、Rehob、Mahanaim、Gibeon、Beth-Horon、Megiddo and Arad，其中大部分今天无法确认。事实上，卡纳克的城墙，如同一幅石头“莎草纸”一般，像连环画或者图书馆一样记录着很多历史。

多柱大厅

卡纳克神庙最独特的存在是多柱大厅（Great Hypostyle Hall），在第二和第三塔门之间。这座巨大的大厅是古代奇迹之一，面积约为 5000 平方米。它的装饰是由塞提一世动工，但大部分建设工作由拉美西斯二世完成。多柱大厅内部巨柱密集分布，共 16 行，两侧各有 7 个侧廊，柱子数量达到 134 根。中心的 12 根巨大柱子高达 21 米，直径 3.57 米，远高于其他柱子，以便光线和空气可以进入。

站在其中，看着那直耸云天的硕大石柱，我仿佛踏入巨石森林一般，阳光虽然打在柱子上，但我的身体怎么也躲不过柱子的阴影，也感受到了一丝压迫感。柱头为纸莎草花，柱壁上和天顶上的精美彩色浮雕，讲述着法老文治武功的故事，也刻着法老及家眷接受神祝福的故事。如此整齐地排列，如此精美的石柱，如此浩大的工程，古埃及人到底是如何运输和完成的？

多柱大厅

多柱大厅

拉美西斯二世在位第 21 年时，埃及与赫梯国王哈图什尔斯三世签订的和平条约，最初刻在赫利奥波里斯和哈图索斯的银板上，后在卡纳克神庙的列柱大厅南墙上发现了一份副本。在赫梯人和埃及人之间进行了多年没有结果的战争后，拉美西斯二世和赫梯统治者达成了一项协议，将叙利亚和迦南划分给赫梯人。

其中一条声明是：伟大的赫梯统治者永远都不会侵犯埃及领土，不会从埃及土地上拿走任何东西；伟大的埃及统治者（拉美西斯二世）也永远都不会侵犯赫梯领土，不会从赫梯土地上拿走任何东西。条约最后还极郑重地声明：条约是在万千神灵、人们、山河、天地、海洋、风云等的见证下签订的。这份条约上面的文字极具历史价值，也是历史上最重要的条约之一。

多柱大厅

多柱大厅

方尖碑

方尖碑（Obelisks）是古埃及崇拜太阳的纪念碑，他们认为越高的物体越接近太阳神，因此而修建高大的方尖碑。方尖碑同时也是为去世法老修建的纪念碑。方尖碑通常成对儿竖立在神庙的入口处,但由于埃及屡遭劫掠,多半现在已是形单影只了。比如仍保留塔门前的拉美西斯大帝方尖碑，与之成对儿的另一块方尖碑竖立在法国巴黎协和广场，1831 年时，埃及总督穆罕默德·阿里为了能够密切和法国的关系，决定将这对儿方尖碑中的一座赠送给法国国王路易·菲利普。

在柱厅之外，是一片废墟，有一些雕像、避难所和房间。更靠后一点儿是图特摩斯三世神庙遗迹，遗迹之中有 2 座竖立、2 座躺倒的方尖碑，较短的是残留的图特摩斯一世方尖碑（Obelisks of Thutmose Ⅰ），它高约 22.8 米，底部边宽约 1.8 米，质量在 143 吨—160 吨，每一面都有三行垂直的铭文，中央的铭文是图特摩斯一世的题词。

卡纳克神庙中最大的方尖碑是埃及历史上已知的最早一个女法老哈特舍普苏修建的。她在神庙修建了 4 座方尖碑，但如今只有一座仍然矗立，这也是埃及建造的所有古代方尖碑中第二大的，它重约 343 吨，高约 29.6 米。方尖碑是由单块石头雕刻而成，通常是来自遥远的阿斯旺采石场的粉红色花岗岩，但它们到底是如何被运输过来，以及在没有滑轮的情况下竖立起来的仍然是个谜。

哈特舍普苏从太后而成为法老王，自称太阳神之女，颇有作为。在她死后 20 年，她的王位继承人图特摩斯三世试图抹去关于她这位女法老的所有痕迹，他清除神庙上哈特舍普苏的名字，并设立围墙将她建立的神庙和方尖碑围住，要它们不见天日。

法老森沃塞特一世（Pharaoh Senworset Ⅰ，公元前 1974—公元前 1929）在中王国时期（公元前 2066—公元前 1650）在赫利奥波里斯建造了第一座巨型方尖碑。古埃及曾经矗立着数百座方尖碑，如今只剩下 9 座，还有 10 座已经破碎。公元前 30 年，罗马人征服埃及后，运走了大量方尖碑，如今，意大利境内矗立着的埃及方尖碑数量达 13 座，比整个埃及的方尖碑还要多，比如古埃及最大的方尖碑如今位于罗马的拉特兰宫（Lateran Palace），第三大方尖碑卡利古拉方尖碑（Caligula's Obelisk）则在梵蒂冈的圣彼得广场（St. Peter's Square）。19 世纪，埃及方尖碑再次离开尼罗河沿岸，如今分布在意大利、美国、法国、土耳其等国家。

方尖碑

方尖碑

圣湖

每一座埃及神庙都有一个圣湖（Sacred Lake），其中卡纳克神庙西北角的圣湖是最大的，是祭司们每日沐浴净身之地，也被用于庆祝节日，其间神的形象会乘船穿过湖面。

在圣湖的旁边，有被古埃及人奉为圣虫的圣甲虫雕塑。不论在神庙还是陵墓中，圣甲虫随处可见，甚至在卡纳克神庙的墙上，我发现了很多被烧过已经变成黑色的圣甲虫，但我没搞明白这有什么特别意义。

圣甲虫被他们作为信仰的神来崇拜，但它“真身”其实就是我们熟悉的屎壳郎。古埃及人认为，圣甲虫喜欢收集大象的粪便，并把它滚动成球，然后将卵排在里面。它们滚动粪球，象征太阳的东升西落。幼虫自粪便中出生，象征从腐朽中再生。据说，如果绕着圣甲虫雕塑转满 7 圈，就能心想事成，就会有好姻缘降临。

卡纳克神庙

已是“神作”

卡纳克神庙

卡纳克神庙真的很大，如果想要仔细地逛遍每个角落，看遍细节，怕是要在这里穿梭一天，甚至脖子都快要仰断了才行。第七到第十门楼之间不开放，我给了一个工作人员小费，他带我进去站在一个高处俯瞰整座神庙。公元前27年，卢克索古称底比斯，这座被希腊诗人荷马誉为“百门之城”的伟大古都在一场大地震中轰然倒塌，埋葬了古埃及的繁华往事。卡纳克神庙整体残留的遗迹不到当年的十分之一，由于年代久远，神庙已破败不堪。如今铅华洗净，透过那仅存的部分，残破的黄色柱子和仅存的殿堂轮廓，我依然能想象到卡纳克神庙当年的宏伟壮丽，依旧可以从那些遗迹读到它曾经的荣耀。

至于有没有汇集神的智慧已不重要，作为古代埃及文明的重要载体，历经3000多载岁月的洗礼的卡纳克神庙如今依旧巍然耸立，已是“神作”。我们离开时，正是景区关闭时间，游客只出不进，夕阳照在石柱上、雕像上，远处回望，我似乎听见、看见、触见神祇祈祷。

卡纳克神的祈祷

现在的卡纳克神庙与 3 千米外的卢克索神庙看上去是两组独立的神庙建筑，但在古埃及，两者由绵延 3 千米的斯芬克司大道贯穿，卢克索神庙也可视为卡纳克神庙的一部分，也因此称为神庙群。因为天气过于炎热，在参观完帝王谷、王后谷、哈布城和卡纳克神庙后，我们实在没有任何体力继续参观卢克索神庙了，这也成了我在卢克索唯一的遗憾吧。但我还是在夜晚路过了亮灯的神庙，远远地观摩了一下那些尚存的轮廓。

如果再来埃及，我会直奔沙姆沙伊赫

从开罗到卢克索，沉浸于古埃及灿烂遗迹的同时，也疲于应付现代埃及的一切，我们一行人，都在无比期待红海一站，可以在海边全包酒店，静静地享受一片蔚蓝。

红海流经埃及、约旦、沙特阿拉伯、苏丹、也门等国家，流经埃及境内的部分从苏伊士运河直到苏丹边境。所以来了埃及，是不可能错过红海的，其中最热门的目的地是赫尔格达（Hurghada）。但就因为太热门了，我们最终选择了赫尔格达对岸的沙姆沙伊赫。在前期看路线的时候，大部分人是从开罗出发，而我们很幸运地买到了每月为数不多的从卢克索直飞的航班。

同行的小伙伴非常给力，在一众酒店中，选择了森蒂多礁石绿洲水上乐园度假村（Sentido Reef Oasis Senses Aqua Park Resort），酒水餐食畅饮畅食，自带沙滩，跳入海中就是珊瑚礁，随时浮潜,简直不要太方便！当然这也是我第一次住全包酒店，自此便爱上了这种度假模式，从城市中的渡劫模式切换海边度假模式，如同进入天堂。每天的日程就是早餐—浮潜—坐在沙滩椅听海浪—午餐—水上乐园—SPA—日落发呆—晚餐—酒吧，来到海边整个人都欢快起来，朋友说我随时都在哼哼小歌儿。

在沙姆沙伊赫，我熟练掌握了浮潜技能。每天都兴冲冲地跳入海中浮潜，沉醉于看鱼、砗磲和珊瑚。为了保护生态我没有涂防晒霜，代价就是被晒伤，背部又红又烫，回到酒店趴着给后背敷急救面膜。当然，也有点儿后悔没早一些尝试浮潜，错过了当年去古巴和马耳他时那蔚蓝的大海。

沙姆沙伊赫的大海

沙姆沙伊赫的戴胜

沙姆沙伊赫的海滩

沙姆沙伊赫海边休憩

海边欢愉

在沙姆沙伊赫最后一晚，我们去了当地网红店法尔沙山休息室（Farsha Mountain Lounge），白天这里是家咖啡馆。之所以热门是因为它夜晚的“阴间”灯光，它沿海岸山崖而建，像是老板从旧货市场淘来一堆玩意儿堆在山上，然后点上瘆人的红灯，很魔幻。如果阴曹地府如这般，有何畏惧？只能说，拍照确实很吸引人，但也就是照片了。卖的酒和水烟都“华而不实”，而且现场很热，在海窝里一点儿风也没有。

网红酒吧

网红酒吧

在沙姆沙伊赫机场时，想到又要回喧闹和让人心累的开罗，我和朋友都哀叹起来。如果还有机会再来埃及，我可能只想到沙姆沙伊赫躺平。

从沙姆沙伊赫离开回到开罗，我似乎对这里呛人的空气和嘈杂的鸣笛声已经“驾轻就熟”。从缤客上订了一口价的接机服务，把我们送到开罗尼罗河上的小岛扎马利克（Zamalek）。扎马利克曾经是外交官、殖民官员和埃及贵族的用地，我们订的住处原本属于使馆区用楼，房间格外大，户型也很舒服，电梯是那种非常复古的铁门式，还需要自己手动关门才能上下，这让我想到了之前在意大利住的老式居民楼，虽然整个区域周边的交通也是一塌糊涂，但那里的环境安静许多。如果我还会二刷埃及的话，下次来开罗我会直接订扎马利克区的住宿。

同行朋友的飞机早我离开，于是我拥有了两天在开罗独自“漫步”的时光。我本想去网红的开罗洞穴教堂，但它坐落在贫民窟，我需要穿越气味刺鼻的垃圾城才能到达，看攻略都说那边很难叫到回程的车。考虑到我是独自一人，虽然很心动，但也放弃了，毕竟安全第一。

我先是去了哈利利市场（Khan El-Khalili），喝了开罗最古老的咖啡馆 Al Fishawy 的咖啡。感受也就那样吧，纯游客的体验。市场也是各种叫卖兜售，每个人都疲于讲价，而且大部分商品看起来像义乌制造。穿过一些不是很热门的小巷，不乏一些手工小作坊，缝制帽子的、打铁的，还有沿街卖瓜果蔬菜的，路过时我们眼神不免有交流，多数情况下他们会给我一个友好的笑容，或对着我的镜头摆摆手。

老电梯

١١٨ 118
شارع ٢٦ يوليو
26 JULLY ST
الرقم البريدى ١١٢١١
POST NO. 11211
المبنى طراز معمارى مميز
The building is a distinct Arch.Style
118 - 26th of July St., corner of
El-Aziz Othman St. - Zamalek
Registration No. : 03180000734

使馆区老建筑

哈利利市场

哈利利市场

哈利利市场

哈利利市场

从哈利利市场出来，跟着当地人钻过路中央的铁栅栏过马路，来到了南边一个更本地的市场，一条街主要卖的都是窗帘布艺。但其实这里是苏丹古里建筑群（Sultan al-Ghuri Complex），始建于1503年至1505年，是过去开罗纺织品市场的一部分。这里沿途有几个清真寺可以进入参观，如果给一些小费，工作人员还能带你到屋顶眺望。

古建筑群

纺织品市场

纺织品市场

纺织品市场

远远看到一个小哥骑着自行车向我驶来，头上顶着大大一个笸箩，里面装满了刚烤好的饼沿途叫卖。他路过我时，我正在拿出手机和他“对视拍照”，他一手扶着头上的笸箩，另一只手和我打招呼，完全脱把的状态让我惊呼。再往前走，我发现楼上阳台的小女孩儿，在用绳子吊篮筐往上运饼，我猜这是刚刚那个小哥卖出去的饼吧。我一路走着，感受着埃及普通人社区的街道与生活气息，路边抽水烟的、喝茶的、闲聊的、打闹的……对于我这个亚洲面孔他们很是好奇，好奇地打量着。也不乏一些路人和我打招呼，对此微笑回应就好。

卖饼小哥

卖饼小哥

终于走到了中世纪巴布祖韦拉门的华丽塔楼，沿着宣礼塔的狭窄楼梯盘旋而上，来到了高处。当我俯瞰着眼前的开罗时，心情有些复杂。湛蓝的天空下，眼前是满街的破败景象。开罗很多的房子，都像危楼一样，没有窗户，只用一块布头来遮挡，放眼望去满街各色的“布艺”窗户，独具特色。

甚至有的楼都没有封顶，楼体连个瓷砖都不贴，就差外面画个圆圈写个“拆”字了。当年埃及人口增长迅速，城市化进程加速，住房紧缺，导致很多人非法占用闲置国有土地盖楼。由于知道是非法的，所以不粉刷也不封顶，一方面是可以不断持续地加盖，另一方面也是没有完工的房屋无须缴税。开罗人口按 2000 万来算，有近 65% 的人居住在“烂尾楼”里。这是开罗最真实的一面。

开罗不封顶的楼

开罗不封顶的楼

开罗不封顶的楼

开罗不封顶的楼

第二天我选择在扎马利克区溜达，这边可以算是开罗老城区比较洋气的地方了，类似于北京三里屯北小街。手工店铺、餐厅、酒吧、甜品店随处可见。路边停着各种豪车、跑车、老爷车，都打理得很干净，相对于街上跑的那些似乎要散架的老破车，一下子就能凸现这里的“凡尔赛”。街道边种着花草树木，还有人来回打扫。每栋楼门口都有门卫，如果你想走进去看看老式电梯，还得解释半天。小而美的环境有一种与开罗“格格不入”感。我走进一家独立咖啡店，坐在里面闻着豆子的香气，一时觉得自己不在埃及。

使馆区老爷车

使馆区小店

我路过一个很不起眼的甚至都没有招牌的店面，被摆在门口的一幅纳芙蒂蒂油画吸引，于是踏进了这家没有任何室内装潢且摆放凌乱的“画廊”。店主是一位老爷子，戴着镜框眼镜，穿着老一辈喜欢的格子衫，很是慢条斯理。他操着熟练的英语跟我介绍这画至少有45年了，如果我喜欢，不妨带走。

起初我觉得价格有些小贵，看了看放下便走了。但喝咖啡时心里又一直惦记,思来想去还是挺喜欢的,于是我又走回去了。老爷子再次见到我就说，他猜到了我会回来，他感受到了我和这幅画的相互磁场。他解释道，就像一身衣服，你穿上后就知道这就是你的衣服，和你气质与风格很搭，画也是一样。小小讲价了一番我便买下了画。

老爷子聊天说他是做贸易的，1981年就去过上海、广州、福建和北京，我惊讶地说那时候我还没出生。他说他去的时候北京都没什么外国人，印象最深的就是北京好多自行车，问我现在人们出行工具是否也主要是自行车，我说不是。我盛情邀请他再来看看现在翻天覆地的中国。我想那个年代就能远渡重洋的人，肯定也不简单。

开罗油画店

油画店老板

他指着我的红唇说喜欢我的笑容，很自信乐观。还问我叫什么，我说叫 Sky（天空）。他说我不简单，天空很高，无人能及，且广阔自由。走的时候老爷子还给了我脸颊吻和手背吻，说期待我再来的时候他还活着。我说，一定会的！

我与油画店老板

在埃及的最后一晚，我去了位于开罗尼罗河边的一家热门餐厅 Kaber Sobhy，离开前大吃一顿。虽然这也是一家网红餐厅，但排队的人大部分是本地人，菜品都是很正宗的埃及菜。落座后先上一袋子烤得酥脆的 Pita 馕和本地特色沙拉，即拌黄瓜西红柿洋葱和特色蘸酱，我感觉这就已经能让我吃饱了。环顾四周，我想要参考大家都点了什么，发现周围坐的都是热热闹闹一家家的人，可谓是老少皆宜的大众餐厅。烤鸽子饭、冒着火的瓦罐羊肉、烤羊排基本是桌桌必点，我也按照自己的食量，点了几道特色美味。我还注意到有一个服务员，拿着两个锅，里面装有当地独有的绿色蔬菜汤 Molokhia，哪桌点了就去哪桌表演“拉汤”，在两个锅子内来回“拉扯”，倒来倒去，手法有点儿像海底捞的抻面，也有点儿像北京的面茶汤。这个汤，非常的浓稠且呈绿色，其主要制作食材是秋葵。至于味道嘛，很难形容，一口喝下去腥味很明显，是真喝不惯，我努力喝了三分之一碗后果断放弃，然后点了清爽的鲜榨果汁“漱漱口”。

酒足饭饱后，我按照导航溜溜达达往回走，已近十月中旬的开罗，夜晚已开始凉爽起来，晚风拂过，吹得树叶簌簌响，有些舒服。这是我在埃及的最后一晚，心情有点儿复杂。回到住所，坐在小阳台上，喝着买来的啤酒，看着楼下餐厅室外觥筹交错的人们，我越发恍惚，这个和我看到的不安窗户、不封顶房子的开罗还是同一个开罗吗？每一个城市都有它“割裂”的一面，同一片地域之上，百态生活，百样人生。而我只是一个过客，迅速又浅薄地浏览着眼前的一切，然后回到自己的生活中去。

开罗美食

埃及，也许我会再来

在写作的过程中，我一直在类比我的埃及之行和古巴之行，两者很像，都是到达一个你无法套用任何以往旅行经验的国度，从一开始的无序、无所适从，到轻车熟路。在埃及的后几天，我可以准确地认出阿拉伯文的车牌，在停靠那一秒时跳上车；混乱的车流中穿过马路；和当地人说着哈噜（Hello）并比手势；走在常走的道路上知道何时拿起相机拍照，甚至适应了尾气和鸣笛……

身在古巴的旅途中，我是不喜欢那里的，但在某一刻的哈瓦那，看到孩子们在广场上踢球，耳畔响起他们无邪的笑声时，我就被人间的色彩温度治愈了。埃及同样，当买到我喜欢的那幅油画，当老大爷目送我离开挥手时，那一刻眼底是温热的，给这趟杂乱燥热又心累的旅程镀上了别样的光亮色彩。

不论是渡劫还是度假，埃及我来过了。12 天的匆匆一游，吉萨的金字塔、开罗的清真寺、卢克索的神庙、沙姆沙伊赫的红海……还有很多地方没有去，因为天气太热也不后悔没去。虽然每天都在周旋于砍价，心累于被坑，可我能理解当地人努力地生存着，哪怕只是 100 埃及镑都可能是他们一天的伙食费，也感受到了天差地别的生活环境与人间百态，更加庆幸自己生在中国。

埃及留影

我还是遇见了些许好人，感受到了来自街头的感动，以及来自陌生人的友善。我看到了不曾见过的风景，观摩了历史课本上的文物，折服于古埃及灿烂的文明，感谢那些历代兢兢业业的人们持续做着考古和文物保护的工作，让人们可以继续观赏了解古文明。我不可避免地为破坏、偷盗和非法贩卖文物的行径感到痛心，但它们也成了“历史”的一部分，并为如今文物保护工作和国际交流带来更多标准、思考与借鉴。

从旅行回来时候嚷嚷着我不想再来埃及，到完成了这数万字的旅行笔记，我竟有点儿意犹未尽，甚至有些懊悔当时应该更耐着性子一些，多看看多问问。前阵子和我爸妈说，也许可以带你们去看看古埃及的灿烂和现埃及的零乱，现在我有经验了，二刷埃及我会更轻车熟路吧，甚至不惧怕租车自驾了。

好与不好，都构成了旅途本身，都书写进了那段有我参与的故事，都给我的人生带来潜移默化的影响。一句话：见天地，见众生，见自己。

我坐在远处沙丘上凝视金字塔

面包车是开罗商户的主要运输工具

开罗老城街头商户“散养”的猫

隔门一瞥不向游客开放的清真寺

开罗闹市街头读经书的老者

街头竞选广告牌下的孩子

开罗街头的普通人

卡塔尔，我的埃及之行“中转站”

对于很多旅途飞行常客而言，卡塔尔一度是前往欧洲的转机之地。五星级乘机体验及全球 170 多个目的地的高性价比机票，使卡塔尔航空位列 Skytrax 全球百强航空公司榜首，成为国际旅客出行的最爱，我也不例外。

这次的埃及之行，我依旧选择我的“老朋友”卡塔尔航空往返北京与开罗，也趁回程转机的时候，利用免签的便利入境卡塔尔，并在多哈住了几晚。非常方便的是，只要是搭乘卡塔尔航空中转超过 12 小时的航班的旅客，都可以在其官网上以超值的价格预订中转停留套餐，包括最多四晚的星级酒店和观光游览以及特色体验项目。这也是我每次都首选搭乘卡塔尔航空的原因之一，既可以缓解长途飞行的劳顿，可以顺便体验和感受另一个国度的风情。

卡塔尔航空

多哈的港口

在我去过的中东城市里，多哈是我最喜欢的，这些年来，我也一点点见证着它的发展和改变。当飞机即将飞抵多哈，降落时我看到了机翼下方的环形人工岛屿。这正是卡塔尔的地标之一珍珠岛（The Pearl-Qatar）。我心中默念，卡塔尔，时隔4年，我终与你重逢。

提起卡塔尔，很多国人都无法在脑海中构建起足够的画面感。尽管第 22 届世界杯在这里举办，使卡塔尔成为第一个举办世界杯赛事的中东国家，8 座球场迎来 64 场精彩比赛，上百万名来自世界各地的球迷云集这个西亚小国，吸引全球目光，但很多人依旧无法在地图上中东区域中一眼就找到卡塔尔的身影，它依旧是神秘的存在。

卡塔尔国（The State of Qatar，简称卡塔尔）是亚洲西南部的阿拉伯国家，位于波斯湾西南岸的卡塔尔半岛上，面积仅约 1.15 万平方千米，是面积第二小的海湾国家，在整个海湾地区，唯有巴林一个国家比卡塔尔还小了。半岛向北延伸到波斯湾，三面临海，海岸线绵延约 560 千米，南部陆地与沙特阿拉伯接壤。

卡塔尔最早的人类活动可追溯到 5 万年前。青铜时代，卡塔尔地区作为古代尼罗河流域的埃及文明与两河流域的美索不达米亚文明的交会之地，建立了最早的城邦和贸易据点。公元 7 世纪，卡塔尔成为阿拉伯帝国的一部分，以繁育马和骆驼闻名。1846 年，萨尼・本・穆罕默德建立了卡塔尔酋长国。1882 年英国入侵，宣布卡塔尔为英国的“保护地”。1971 年卡塔尔正式独立，凭借其丰富的天然气及石油资源迅速崛起。

2019 年我第一次来卡塔尔，在没有抵达前，沙漠、石油、土豪，是我对这个国家的刻板印象。然而，当我真的在卡塔尔旅行后，它的多元、它的文艺、它的浪漫、它的文化感、它的充满人情味——在了解了它的过去与当下、感受了它的传统与现代后，卡塔尔可以说给了我太多的惊喜，被我称为“宝藏国家”。

到了多哈，在酒店收拾好后，我便迫不及待地出门。卡塔尔受副热带高压带控制，属热带沙漠气候，几乎没有地表径流，这使得整个国家终年炎热干燥。10 月份仍值夏季，气温最高可达 45 ℃，站在街头等待红绿灯的间隙，我已感觉到阳光炙热地烤晒着我的皮肤，寸步不行也是大汗淋漓。虽然自然条件如此不适宜人居，但财大气粗的卡塔尔人还是在沙漠中建起了自己的现代摩天都市——首都多哈。这座位于半岛东部海岸、充斥着后现代建筑的城市建造着它的“沙漠美学之都”，立志要赶超迪拜和阿布扎比成为下一个沙漠奇迹。

伊斯兰艺术博物馆

在多哈，我最喜欢的建筑是坐落于与多哈相连的人工岛屿上的伊斯兰艺术博物馆（Museum of Islamic Art，MIA）。当整栋博物馆出现在我眼前时，这座用白色石灰石以几何堆积的风格建造的独特的建筑，它如同沙漠绿洲中的一颗明珠镶嵌于海湾地带。单看它的建筑设计总觉熟悉，原来它出自建筑大师贝聿铭先生之手。

用建筑包容世界，是贝聿铭先生在设计伊斯兰艺术博物馆时的初衷。在盛大的开馆式上，贝聿铭先生平静地说：“在这个博物馆的建造中，我的角色仅仅是一位建筑师。但是，这个项目对我来说十分特殊，它帮助我进入和了解一个不同的世界，不同的宗教，不同的文化。”所以当时已是 91 岁高龄的他在伊斯兰的国家考察了好几个月，亲自前往印度、叙利亚、突尼斯、埃及等地，深入了解了伊斯兰建筑风格，潜心研究穆罕默德的理论，最终交出了这份“答卷”，也让他的收官之作，定格在了遥远的中东城市多哈。

伊斯兰艺术博物馆

在卡塔尔伊斯兰艺术博物馆完工之初，这座建筑也受到了不少质疑，有人觉得这个设计不能代表“传统的伊斯兰”。正如同卢浮宫门口的玻璃金字塔在落成的时候并不被法国人接受一样。但贝聿铭曾说过：“最美的建筑，应该是建筑在时间之上的，时间会给出一切答案。”如今，卢浮宫前的玻璃金字塔成了巴黎乃至法国的代表建筑，而卡塔尔伊斯兰艺术博物馆也成了卡塔尔的建筑瑰宝。

伊斯兰艺术博物馆在蔚蓝的海面上，以最单纯的海面作为背景，衬托出建筑硬朗、简洁的几何形体，并且更能展现阳光在几何形体上形成的丰富光影，形成一种摄人心魄的宏伟力量。而它的外部细节也值得捕捉，到处是典型的伊斯兰风格几何图案和阿拉伯传统拱形窗，这为这座庞然大物增添几分柔和，稍稍中和了它的英武之气。水景中倒映着建筑本身俊朗的轮廓，将人与建筑、自然与建筑有机地融合为一体。如果乘船远望，博物馆穹顶外墙上的两个弧形窗户，就如同两只眼睛，注视着每一位经过的游人。因此有人这么形容：在夜幕中，博物馆就如同一个蒙着面纱的少女，婀娜动人。

伊斯兰艺术博物馆内部的设计和风格，既包含了传统，又有现代元素；既体现了伊斯兰文化，又兼顾了大师的个人风格。很多设计都非常巧妙。中庭设计，是我最喜欢的部分。头顶之上的铜黄色的环形坠灯，其灵感来自阿拉伯男人的传统头饰。再往上看是偌大的银色穹顶，以几何图形连接起不同的空间，好似切割后的钻石，阳光透过它照射出四散的光影。

穹顶之下，是一个 45 米（约 150 英尺）高的玻璃窗，从上到下贯穿整座建筑，玻璃窗外是波斯湾的碧海金沙，还有海岸线上鳞次栉比的高楼。照射进来的自然光线随着时间微妙地变化着，使得博物馆内亮堂通透，色调柔和、更赋予了这座建筑以生命与灵魂。闭馆之前，在 Café 咖啡厅点上一杯果汁和蛋糕，隔着玻璃窗望向波斯湾，看着橘色的太阳渐渐“沉下”水面，气氛变得更加柔和，整个人也放松了下来，终于意识到此次旅途已近尾声了，不舍之意涌上心头，认真享受当下的每一刻吧。

为了把多哈打造成伊斯兰世界的中心城市，在决定建造伊斯兰艺术博物馆时，时任卡塔尔国王的埃米尔就下令开始四处收集地毯、玻璃制品、陶器、珠宝和细密画等收藏品。如今伊斯兰艺术博物馆展出了不同时代的陶器、珠宝、象牙制品以及伊斯兰书法、绘画和古典书籍。我最喜欢的一件展品，是一尊来自伊朗的蓝色瓷猴雕像，它戴着帽子，双手扶膝蹲坐，表情呆萌、憨态可掬，像极了用脑过度后精神涣散又无助的我。这次去的时候发现纪念品商店有卖同款冰箱贴了，果断入手。

伊斯兰艺术博物馆

尽管卡塔尔并不是一个艺术大国，但通过建立伊斯兰艺术博物馆，它致力于成为所有伊斯兰艺术品的收藏和展览中心，从波斯语、非洲语到阿拉伯语，让居住在世界各地、不同年龄层的人们相聚一堂，更好地了解伊斯兰文化，促进伊斯兰艺术的发展。这也正符合卡塔尔对其发展的期望：虽是地理上的沙漠，但不是文化的荒漠。

卡塔尔新国家博物馆

卡塔尔不同于其他海湾国家，似乎更注重与传统的联结，不论是在视觉上还是在公共传统上。卡塔尔人不想在快速发展模式下丢失对海洋与沙漠的历史记忆和文化思考，2019 年落成的卡塔尔新国家博物馆（Qatar National Museum），便是最好的体现。

由普利兹克奖获得者让·努维尔（Jean Nouvel）设计的卡塔尔新国家博物馆建在多哈的滨海大道（Doha Corniche）边上，占地 4 万平方米。让·努维尔说："这个博物馆的一切都是为了让游客感受到沙漠和大海。"《纽约时报》曾评论："让·努维尔努力让西方高科技美学与中东传统之间的差距弥合。"

卡塔尔新国家博物馆

博物馆最显眼的当数它的外观，用钢、玻璃和纤维混凝土筑造的层叠的白色圆片，其灵感来源于沙漠中一种名为“沙漠玫瑰”的结晶矿物（“沙漠玫瑰”由沙漠表面下的盐水层中发现的结晶砂等矿物质组成，因形似玫瑰而得名），它们在沙漠中层层互叠并蔓延，在最严酷的环境中“绽放”。卡塔尔新国家博物馆的馆长佩吉·洛尔（Peggy Loar）曾说：“年轻人开着 SUV 进入沙漠，不再在那里居住。他们正失去与文化的联系。”所以若再换一个角度去看，当“沙漠玫瑰”的薄片一个个连接起来，又像是一顶顶帐篷，仿佛可以带领人们穿越回古代，寻回对沙漠中贸易之路上大篷车、临时避难所的想象，提醒着参观者沙漠是最初的起源。

我第一次来新国家博物馆时，正值刚开馆不久，很多设施都没有完全建设好，布展也显得有些不足，还有很多展品没有就位。无与伦比的沉浸式体验，是我这次来卡塔尔新国家博物馆参观时的最大感受。一进入博物馆，便是长达 1.5 千米的蜿蜒的长廊展馆，通过一系列独特且包罗万象的环境，带领访客步入一次美好旅程，从建筑空间到音乐、诗歌、口述史学、气味、考古文物、画作、体育、纪念艺术电影等，生动演绎着属于卡塔尔的故事。

卡塔尔国家博物馆共分为三个部分：“起源”“生活在卡塔尔”以及“卡塔尔当代史”。设有 11 个陈列展馆，从自然、地理、动物、人、珍珠业、渔业、文化历史、生活艺术等各个领域，向人们讲述卡塔尔是如何从数百万年前的一个半岛，发展成今天现代多元的国际城市的。

大量的投影、口述历史纪录片、档案照片、地图、文本、模型以及数字化学习中心等全方位展示，且注重视觉感官互动形式，让人仿佛穿梭于一段漫长且丰富的文化历史演变之中。

同时，新国家博物馆还展现了卡塔尔人的美好理想，希望促进探索、创意和社区交流，为当地提供多样的教育机会，更将卡塔尔国家的文化愿景推向国际舞台。

所以，不论是从哪个角度去看这座卡塔尔新国家博物馆，不论如何去解读它，它都代表着卡塔尔。相比去讨论“我在做什么”，诠释着“我是谁”才更是卡塔尔人的精神基因。

卡塔尔新国家博物馆

瓦其夫传统老市场

置身卡塔尔多哈的瓦其夫传统老市场（Souq Waqif），犹如穿越到《一千零一夜》的画面中。我特别喜欢这样的地方，漫步在卡塔尔最古老的阿拉伯集市，熙熙攘攘的古老街巷中，不经意间的随处一瞥，建筑与人，仿佛时光倒流，恍如穿梭历史。

市场

最让我惊喜的是市场的包罗万象。从风格多元的各式餐厅和咖啡馆，到中东特色纪念品、香料、香水、手工艺产品，以及鸟市。其实瓦其夫传统老市场便是由鸟市场发展而来的，准确来说，这个“鸟”在当地传统中主要代指鹰隼。如今鹰隼集市有专门的入口，入口处挂着一块昂贵的镀金牌匾，上面有鹰隼的画像，并分别以阿拉伯语和英语标示鹰隼市场。

在当下城市现代化进程中，传统的沙漠游牧生活已越发遥远，但卡塔尔人的内心中依旧把它当作精神象征与情感意义的寄托。因此，马匹、骆驼、鹰隼和狩猎技能仍被赋予很高的价值，哪怕与实际经济用途并不相匹。“最初，贝都因人（Bedouins）为生计抓捕鹰隼，让鹰隼替他们捕猎野兔等猎物。后来，鹰隼演变成贵族的宠物，现在养鹰隼已经成了卡塔尔公认的全民运动。”我抱着好奇的心小心翼翼地进入一家鹰隼专卖店，老板走过来向我热情介绍起他们的传统和生意。

他家店里的鹰隼，一只只目光炯炯，哪怕是被绑着腿，站在专门设立的小台座上等待出售也依旧气宇轩昂。店铺的一个角落，穿着一袭阿拉伯衣袍的男士席地而坐，拿着锤子在一块木头上敲敲打打制作着鹰隼眼罩。而对面的店铺则是一家鹰隼医院，拥有世界最先进的鸟类医疗设备，专门为这些猛禽提供医疗和保健服务。“一只老鹰的起价大约 6000 美元，一般鹰隼的价格在 6000 至 20000 美元之间。进口鹰隼价格会更高，几百万美元都有可能。而后续的日常饲养费用，就要看你想让它（鹰隼）过上怎样的生活了。”老板边说边递给我一些小食，示意我可以喂食鹰隼，我因为听到了它们昂贵的身价而不敢动，婉言谢绝了。

瓦其夫传统老市场不乏当地美食，但只有一家让我念念不忘。那是位于市场入口的一家餐厅，第一次路过的时候是晚上，人满为患，处处是等位的人。我便选择在第二天中午人潮散去的时候去吃。老板是很传统的卡塔尔人，餐厅是家族经营，一代代传下来的味道。老板推荐的是炸鹰嘴豆泥饼和炒羊肝，然后用馕卷起来吃，再配一杯冰爽十足的可乐，正所谓大馕卷一切，味道非常独特！而且这个味道，我也只在多哈吃到过。

我喜欢在日落时分去逛老市场，找个街旁的椅子坐下观察，无论是骑着马穿着白衣的英俊帅气的警察，身着黑衣、戴着阿拉伯风装饰品的眼神深邃女子，路旁餐座上抽着水烟、喝着茶的老爷爷，还是穿梭其中忙碌运货的外来打工青年，又或是牵手的情侣、带着孩子的大人……当城市喧嚣退去，人们便会发现很多特别的、只属于这座城市的“腔调”。这也许就是一座城市的生活气息吧。

市场中的骑警

沙漠与海的边界

在卡塔尔，我能想到最浪漫的事，就是去沙漠里看海。一半是海水，一半是荒沙，当夕阳一点点沉入沙丘，马达声中扬起沙粒，还有什么比这更让人心驰神往！

网上可以找到很多冲沙之旅（Desert Tour），大概 3.5 小时，全程是 4×4 的越野车，建议去下午场，可以看日落。午后下到酒店大堂时，已经有一个穿着阿拉伯白袍、戴着黑色头箍的绅士在迎接我了，他是我今天冲沙的司机兼导游，他说他的名字很长，所以就简称他阿里（Ali）吧。阿里一上车便问我座椅的高度是否合适，并向我介绍大概的行程，随后打开驾驶座旁的扶手箱，告诉我这其实是个迷你冰箱，里面的饮料可以自取。

阿里载我去冲沙

车子开出多哈一路向南驶去，阿里说为了更好地沉浸在冲沙的刺激中，我们要不要先来点儿音乐预热起来气氛，瞬间律动的欧美时下流行曲调便充满整个车厢。我的刻板印象以为他们只会听阿拉伯的歌曲，于是表现出惊喜。阿里看出我很喜欢他的歌单，说音乐果然是最好的互动。

大概行驶了半小时，我们的车停在了城市边缘的沙漠营地，这里是冲沙前最后的准备区。司机会先给轮胎放气，调整到最适合的胎压，以防车轮陷进沙中。然后等待其他冲沙车辆，大家在这里集合出发，这过程大约 20 分钟。我站在营地帐篷前喝着茶，看着不远处冒着滚滚白烟的地方问那是什么。阿里顺着我手指的方向看去说：“那有几个大型炼油厂，正在工作的厂区会从烟囱中喷出火苗，用以燃烧掉炼油过程中产生的气体。”

冲沙之地

我突然有些恍惚，左前方是日夜运转的现代工业发展地，右前方则是原始的茫茫沙漠，而眼前满是骆驼、帐篷和听着流行乐的白袍阿拉伯人，这里似乎是衔接过去与未来的中转之地。那些曾在蕴藏丰富黑金资源沙漠之上自由迁徙的游牧人，如今以难以预料的速度进入工业化发展进程中，他们是否还能听到那部落忠诚和荣誉传统的遥远回响？

当车子蜿蜒着开入一望无际的沙漠腹地，我最先感受到的是在风中飞舞的漫天黄沙，也终于明白为什么在预订确认邮件中提醒最好备着一条纱巾，不然一下车就得吃一嘴沙子。

冲沙

冲沙所带来的心跳不亚于在游乐场玩一个刺激项目，一路上下翻滚，颠簸起伏。看着并没有很陡峭的沙丘，当司机踩满油门全速前进时，似乎能感受到轮胎在沙粒上的丝滑。阿里快速打着手里的方向盘，眼前的沙子像海浪一波一波地盖过玻璃，快速的失重感交织着轰鸣的引擎声让心跳爆表。最精彩的要数把车开上几乎 80 度的沙坡，停顿几秒后轰然倒冲而下。因为不知道身后是什么，刺激兴奋中带着对未知的小小恐惧，身上的安全带已经不能给我足够的安全感，我只好死死地拽住门窗上的把手，但嘴里大喊着：“再快点儿！再快点儿！”真是从头至尾的疯狂。

沙与海之间

一抹碧蓝色的内海，是卡塔尔沙漠里独有的浪漫，旁边相邻着海湾和沙特阿拉伯。日落时分，看着太阳一点点沉入沙丘中，天空被染成粉红色，直到太阳沉入那片平静又深邃的阿拉伯海。除了前来冲沙的游客，内海旁的沙滩上还有许多本地人，他们带着老人、孩子在这里嬉戏。“卡塔尔人喜欢周末来这里露营，这里是为数不多的可以逃离城市的地方。”阿里说。我很诧异，哪怕多哈在我眼中是那么袖珍的城市，他们竟也想要逃离。

我看着沙与海越来越模糊的分界想到，也许只有在这里，在生起篝火扎起帐篷的静谧夜晚，卡塔尔人才能真正追寻到自己祖先曾无数次踏足的荒漠吧；在粗犷豪情与柔情汪洋相互融合的沙与海的边界，才能去回味那早已远去的传统生活和内心安宁吧。不知从哪儿突然传来一阵阿拉伯乐曲，幽怨婉转，我突然意识到，原来那些遥远的回响还在。

中东之“珠”

我们从沙漠离开，天似乎黑得特别快，在返回多哈的路上，车子经过一片灯火通明的工地，巨大的白色顶棚在夜幕中格外显眼。“这是哪里？”我问阿里。“贾努布体育馆（Al Janoub Stadium），世界杯的场馆之一。”阿里答道。这座可以容纳 4 万名观众的体育馆，是卡塔尔世界杯比赛场地之一，举办过 6 场小组赛和一场 16 强赛。

比起场馆本身的功能性，我更感兴趣它的建筑。体育馆由传奇的女性设计师、已故的全球知名建筑师扎哈·哈迪德（Zaha Hadid）以她标志性的弧形设计建成。在这个以男性为主角的场地中，哈迪德以她独特的女性视角和审美，赋予了建筑“珠光”般的柔调。其设计灵感来自长期在整个阿拉伯半岛运作的珍珠渔船船体（单桅三角帆船）。几个世纪以来，这些美丽的船只航行在海湾水域和更远的地方，带着海洋的恩惠返回。此设计正是向该地区的捕鱼和潜水采集珍珠的历史致敬。

珍珠，是卡塔尔历史和文化中不可剥去的一部分。独特的生态系统和适宜的温度使得海湾地区的珍珠产量大、品质高。正是由于此，作为传统的沙漠游牧民族，曾经居住于此的阿拉伯人把对生活的期待转向了大海，在还没凭借石油和天然气发家致富前，天然珍珠的采集和海湾珍珠贸易是卡塔尔最主要的收入来源之一。

18 世纪和 19 世纪，富裕的欧美中产阶级兴起，人们对珍珠的需求暴增，这段时期也成为卡塔尔珍珠捕捞业的黄金时期。卡塔尔当时的统治者酋长穆罕默德·本·萨尼（Sheikh Muhammad bin Thani）在 1863 年说：“我们所有人，无论贵贱，都是一位主人的奴仆——珍珠。”采珠季节到来时，珍珠商人和采珠潜水队会乘坐独桅帆船进入牡蛎繁殖地，由于没有现代技术，采珠的整个过程完全依靠采珠人来完成。

当年的采珠人利用祖辈传下来的对于水流、沙色的判断，在海上漫游寻找珍珠。潜水员在没有氧气罐的情况下潜至水下，迅速用刀或石头将牡蛎和其他软体动物从岩石或海底撬开，然后将牡蛎放入挂在脖子上的绳袋中。当需要换气时，就会拉动腰上的绳索，示意同伴将其拉回船上。在漫长又炎热的采珠季节，采珠人就这样下潜、上船，在数千只牡蛎开合中，获取那一颗璀璨珍珠，日复一日。

虽然，采珠人和珍珠产业已逐渐消失于当代，但在现代城市建设乃至世界杯赛场上，卡塔尔人仍希望展现那段艰辛的珍珠文化历史。曾经进行潜水珍珠采集的海床，如今已成为名贵奢华的人工岛，被誉为“阿拉伯的里维埃拉”，约400万平方米，完美复刻地中海沿岸风情，布满豪华酒店、优质咖啡店及餐厅、时尚奢侈品店与游艇码头，却依然叫着古老的名字——卡塔尔明珠。

如今的卡塔尔人依旧希望将那段艰辛又壮丽的珍珠文化留存并讲述出去，如同时时刻刻铭记着当年卡塔尔采珠人谨守着来自长者的知识和经验，将过往永恒留存于历史。

当飞机再次起飞，我看着舷窗外的卡塔尔，如同那岁月中沉淀下来的一颗珍珠，由内而外地散发着真实的、温情的、低调的魅力。在多哈的短暂停留，我仿佛已从埃及的混沌之旅中抽身，心中萦绕着一个问题：就文明而言，如何在现代与传统之间寻找平衡？漫步于多哈的街头，我能感受到卡塔尔人对传统的追溯和尊重，坚守与传承。他们不仅铭记自己来自何方，更愿意向八方来客展示这份文化的独特魅力。而与之相反的体验，则是我在这次旅途中，一次次唏嘘感叹曾经辉煌的古埃及文明，渐渐地在岁月的洪流中失落和终结。这也更让我对中华文明生生不息的生命力感到由衷钦佩和自豪。历经数千年，中华文明依旧在历史的长河中保持自己的生机和活力，底蕴深厚，熠熠生辉，绵延不息。

多哈的夜色

后记

《我要去埃及》这本书，写作历时 5 个月，近 7 万字，远超过我的预期。我本来构思就写 10 章左右，但随着看的资料越来越多，从原本计划的内容又延展出更多的篇幅。

埃及，不是我第一个目的地专题，却是第一个写了如此多篇幅的专题，甚至还出了这本书。因为写的是埃及，毕竟那古老的灿烂文化有太多可以探究的，我写作时也一直保持着敬畏之心。说实话，我觉得古埃及可以写的内容还有很多，比如《亡灵书》、古埃及文字的破译、木乃伊制作等，我也非常有兴趣去研读其中的知识。但我写的毕竟不是一本科普读物，作为旅行记录而言，也适当地有所取舍。

考虑到我这次的埃及之行只是去了几个城市，只写了行走于小半个埃及的见闻，我看到的古迹、了解到的历史，以及我的经历和感受，尚不足以全面地代表埃及旅行。我也怕仅凭我自己尚浅的旅行故事，给读者带来对这个国度先入为主的印象。一个目的地的好与不好，是一件非常凭感觉的事情，依赖于每个人不同的出行方式、旅途经历和体验。我还是希望，如果有机会的话，对埃及感兴趣的大家，都可以出发，亲自前往看看。

从去埃及，到阅读资料，到开始动笔写，再到社交媒体上的更新，及至此刻这本书写到尾声，总共历时近一年。为自己写这数万字，我觉得是我在完成小时候对埃及的好奇和梦想。有朋友看到我的文章问："你去埃及考古了吗？"也曾收到留言说现在已经没有人读文字了，我的东西太长，可惜了用的这些功夫。但于我来说，过去的这段时间，我获得了不曾有过的愉悦和畅快。过往写杂志专栏时积累的经验和习惯，通通运用到《我要去埃及》，再一次让我在文字写作上感受到了自己的突破与进步。如何将自己的旅行感受、所见所想与我想要引出的某个地点的背景故事，以及阅读文献、考究考据，并转述为自己的语言去表达，这整个过程对我而言都是一种挑战，而我做到了，甚至还出版了。

也许图片会落伍，但文字不会衰败。好的、有质感的表述，会留存下来，喜欢的人自然会看到。而我能做的，就是做好自己、坚持旅行、做好记录、坚持写作。还是那句话，内心的欢愉、丰盈和满足，不必多向旁人解释。旅行和写作是我一生的课题，我自己快乐就好。

最后，感谢喜欢《我要去埃及》的朋友们，这是我第一次出版书籍，每一个阅读者对我而言都意义非凡。通过《我要去埃及》我也收获了很多新朋友，以文会友，甚欢。

要暂别埃及了，有点儿不舍。不过我的旅途仍在继续，我们下个目的地见吧！